ANSIEDADE
SOB CONTROLE

ALEXANDRE MARCELO AUGUSTO

Lourdes Possatto

ANSIEDADE SOB CONTROLE

DICAS E TÉCNICAS DE RELAXAMENTO, MEDITAÇÃO, ALFAGENIA E BIODANÇA

LÚMEN EDITORIAL

Ansiedade sob Controle
Lourdes Possatto

7ª edição — Junho de 2014

Direção editorial: *Celso Maiellari*
Preparação de originais: *Alexandra Costa*
Capa e Projeto Gráfico: *SGuerra Design*
Assistente de Arte: *Diego Faustino*
Impressão e acabamento:Gráfica Paym

Dados Internacionais de Catalogação na Publicação (CIP)
(Câmara Brasileira do Livro, SP, Brasil)

Possatto, Lourdes
Ansiedade sob controle / Lourdes Possatto. --
São Paulo : Lúmen, 2006.

1. Ansiedade I. Título.

06-1014 CDD-152.46

Índice para catálogo sistemático:

1. Ansiedade : Psicologia 152.46

LÚMEN EDITORIAL

Rua Javari, 668
São Paulo - SP
CEP 03112-100
Tel./Fax: (0xx11) 3207-1353

visite nosso site: www.lumeneditorial.com.br
fale com a Lúmen: atendimento@lumeneditorial.com.br
departamento de vendas: comercial@lumeneditorial.com.br
contato editorial: editorial@lumeneditorial.com.br

2014

Impressão no Brasil — Printed in Brazil

Agradecimentos

A Deus, pela oportunidade de servir à Luz.
Aos mentores e mestres, pela inspiração e direção.
À minha mãe e filhos, pela dedicação, paciência e amor.
A todos os meus clientes, pela aprendizagem e troca de energia que me proporcionam.

Dedicatória

Dedico este livro a todas as pessoas ansiosas que sofrem com distúrbios e doenças psicossomáticos e que têm neste momento a oportunidade de se conhecer melhor e assim se cuidar, proporcionando a si mesmas o resgate-encontro de suas verdadeiras e sábias naturezas.

Índice

Apresentação

Este livro tem os seguintes objetivos:

• Elucidar de maneira simples e por meio de uma linguagem acessível o que é ansiedade e sua raiz emocional. Não é minha pretensão apresentar um tratado científico ou médico sobre o tema, mas compartilhar minha experiência como psicóloga e metafísica no trato com pessoas inseridas num quadro misto de ansiedade e inúmeros outros problemas emocionais e psicossomáticos.

• Comentar o que é ansiedade por intermédio da compreensão do processo ansioso, que faz parte da nossa natureza e das crenças e posturas mentais que desenvolvemos e que detonam a ansiedade, por conta da nossa formação e história de vida.

• Discorrer sobre sintomas e problemas psicossomáticos oriundos do estresse e da ansiedade.

• Apresentar e ensinar técnicas e exercícios de bioenergia, respiração, relaxamento, meditação, alfagenia e biodança para o controle e cura dos sintomas psicossomáticos, do estresse e da ansiedade negativa, a fim de criar centralidade, equilíbrio e integração corpo-mente-energia espiritual.

Primeira Parte

Conceituando a ansiedade: Doenças psicossomáticas e suas causas emocionais

"Há uma luz que brilha mais do que bilhões de sóis.
É a essência da alma. Essa é a luz que mora no coração."
(Shankara)

Introdução

A ansiedade, em essência, significa a preservação da vida. Ela faz parte da natureza enquanto defende e preserva a vida. No entanto, passa a ser negativa e prejudicial quando funciona como um mecanismo neurótico, que visa defender a pessoa do seu medo de ser abandonada e morrer, medo irracional e que surge a partir de percepções malformadas no inconsciente de um indivíduo.

Peguemos, por exemplo, uma criança que sofreu abusos, maus-tratos, repressões e cobranças, tendo sentido-se com isso tão ameaçada em sua integridade que pode ter passado a interpretar a vida da seguinte forma: se fosse extremamente correta e boazinha e nunca errasse, o meio ao seu redor iria aceitá-la e tratá-la bem. Tal decreto de sobrevivência gera na pessoa idéias perfeccionistas que por si só ferem sua natureza verdadeira — por conta disso, acabará tendo o mecanismo da ansiedade acionado toda vez que se pegar num possível erro, o que exacerbará sua cobrança perfeccionista e aumentará seu nível de ansiedade, uma vez que o perfeccionismo é lesivo e utópico. Será como o cachorro que corre atrás do rabo, num eterno círculo vicioso: para minorar a ansiedade, se cobrará cada vez mais, e com isso aumentará a ansiedade, pois o desafio perfeccionista é impossível de ser realizado.

Você entenderá melhor tudo isso no decorrer deste livro, cujo objetivo é discorrer sobre a ansiedade e técnicas específicas de relaxamento, a fim de colocarmos o comportamento ansioso negativo sob controle — e com isso melhorar doenças e sintomas psicossomáticos. Colocar a ansiedade sob controle e entender o que nos faz tão ansiosos nos tornará, sem dúvida, indivíduos mais pacientes, tolerantes e centrados.

É possível deixarmos de ser ansiosos? Não, definitivamente, pois precisamos do mecanismo da ansiedade para sobreviver. Assim, você deve estar se perguntando: Como uma pessoa faz, então, para ser menos ansiosa, para se livrar dos tormentos da ansiedade negativa?

Para responder a essa questão, precisamos primeiro entender os processos ansiosos em nosso organismo.

Ansiedade significa não estar no aqui-e-agora . Logo, se o que mais fazemos dentro da nossa cabeça é pensar num monte de coisas ao mesmo tempo, na maioria das vezes ou quase nunca estamos centrados no aqui-e-agora . Eu diria que esta é a grande meta: aprender a desenvolver essa centralidade no aqui-e-agora para curar a ansiedade negativa e a maioria dos sintomas psicossomáticos causados por ela.

Precisamos entender que tudo o que pensamos passa para o nosso corpo. Tudo o que você pensa e para o que dá importância passa para o seu corpo. O seu cérebro não sabe se o que você está pensando é passado, presente ou futuro, realidade ou fantasia. O fato é que se você estiver pensando em algo com muita intensidade, começará a imaginar cenas em sua cabeça, e essas cenas criarão uma determinada emoção e provavelmente você ficará cada vez mais envolvido nessa emoção, sem perceber o que acontece com o seu corpo. Se os pensamentos forem agradáveis, se você se imagina numa bonita praia, por exemplo, com uma brisa suave, uma água morna, um pôr-do-sol lindíssimo, passeando à beira-mar de mãos dadas com o seu amor, as sensações também serão agradáveis: seu corpo sente-se bem, os ombros se soltam, um leve sorriso se esboça, seu rosto descontrai, você aparenta e tem sensações de satisfação.

Se, ao contrário, os pensamentos são de medo, catástrofes, se você ouve, por exemplo, a notícia do atentado de 11 de setembro nos Estados Unidos e começa a se imaginar dentro daquele prédio em chamas, sem uma saída fácil; se você começa a imaginar que o fogo está à sua volta, a fumaça sufocando-o e sentindo-se sem forças até para gritar, com esses pensamentos seu corpo começa a ficar tenso, quase retesado; seu rosto se contrai, sua garganta se fecha, seu coração bate aceleradamente e um mal-estar muito grande começa a se instalar.

Faça essa experiência e registre suas sensações. O que você sente? Como seu corpo reage? Dessa forma, você vai começar a perceber de que maneira seu corpo registra o que está presente em seus pensamentos. Esse é um exercício bastante sério e real. Apenas com essa percepção já teríamos condições de começar a controlar nossos processos de ansiedade.

Como não conseguimos parar de pensar, também não podemos nos livrar da ansiedade, uma vez que o pensar já nos tira do aqui-e-agora, porque o processo de pensar é muito rápido: pensamos mil coisas em um minuto, fantasiamos o tempo todo, ficamos nos cobrando coisas do tipo: *Como vai ser...? Será que vai dar certo...? O que acontecerá se...?*, como se tivéssemos uma bola de cristal para adivinhar o futuro e garantir nosso sucesso numa determinada ação.

Assim, uma dica interessante para controlar a ansiedade é perceber essas cobranças absurdas que nos fazemos diariamente e às quais, é óbvio, não podemos atender.

Uma vez que a ansiedade faz parte do nosso modo de ser, precisamos diferenciar a ansiedade negativa da positiva.

A ansiedade positiva surge quando você planeja coisas. Lembrando que ansiedade é estar fora do aqui-e-agora, quando você está planejando uma atividade, está sob um processo de ansiedade positiva. Por quê? Porque visa a uma realização. Exemplo: você pretende viajar nas suas próximas férias. Então, o que você faz? Planeja a viagem: pensa para aonde quer ir, pesquisa preços de hotéis e passagens de avião (ou pensa em fazer uma revisão em seu carro para se sentir mais seguro, caso opte por pegar a estrada), faz reserva num determinado hotel, compra as passagens, pensa nas condições do tempo, nas roupas e outros apetrechos que levará na mala; se não tiver uma boa mala, planejará a compra de uma, certo? Tudo isso faz parte de um momento que não está acontecendo ainda, mas que é gostoso, interessante, porque o faz preparar-se para uma viagem, para algo que, com certeza, o agradará.

Agora, digamos que você comece a divagar:

Como será que vai ser essa viagem? Será que eu vou me divertir? Será que não terei algum problema com o carro? E se furar um pneu? E se isso acontecer à noite? E se quando estiver trocando o pneu eu for assaltado? E se em vez de calor fizer frio? Ou se só chover? E se eu encontrar aquela fulana chata naquele hotel? E se o hotel não for tão legal como é mostrado na Internet? E se o avião sofrer alguma pane? E se houver turbulência e eu tiver que vomitar? E se... E se... E se...?

Reparou? Como é que você se sente quando começa a divagar sobre essas questões? Aposto que seu estômago começa a se contrair, você pode até começar a sentir pontadas ou tonturas, e se continuar nesse ritmo, terá até vontade de desistir da viagem. Pergunta: Quem não fez isso um dia? Quem nunca pensou num monte de prováveis imprevistos justamente para estragar o planejamento? E ainda acha que pensar em imprevistos é uma forma de se preparar para eles? Será? Claro que precisamos ser responsáveis. Exemplo: se eu quiser viajar de carro, por uma questão de segurança e inteligência, faço uma revisão no automóvel, porém, dar vazão a uma série de idéias catastróficas só servirá como um belo balde de água fria , não é mesmo?

Aprender a controlar a ansiedade é aprender a controlar nossos pensamentos.

E, para isso, precisamos perceber como é que nos sentimos ao pensar determinadas coisas.

Nossa natureza prima pelo conforto. A linguagem da natureza é o bem. Toda vez que há uma sensação de mal, de algo ruim, insatisfatório ou desconfortável, todos esses sintomas pedem que os olhemos com atenção, porque alguma coisa deve estar errada.

Ao ouvir um barulho diferente em sua geladeira, máquina de lavar ou em seu carro, o que você faz? Provavelmente prestará mais atenção ainda, a ponto de chamar logo um técnico ou mecânico para ver o que está acontecendo, não é? No caso do nosso corpo, a regra é a mesma. Mal-estar, desconforto ou dor indicam que precisamos prestar atenção e ver o que está acontecendo, e a melhor forma de fazer isso é perceber o que estamos pensando, a que estamos dando importância, o que estamos trazendo para dentro de nós, via preocupações, cobranças ou críticas, enfim, precisamos perceber qual é a nossa postura mental. Importar é dar importância, trazer para dentro algo lá de fora. O sintoma ou a doença estão relacionados com o corpo, da mesma forma que a insatisfação, a tristeza ou a angústia estão relacionadas com as nossas emoções.

Tenho recebido pessoas no consultório que passam por curas instantâneas quando tomam consciência do que estão fazendo consigo mesmas e das coisas que estão martelando em suas cabeças.

Assim, percebemos que o processo de autoconhecimento é superimportante para o controle da ansiedade, logo, é preciso conhecer e entender a raiz da ansiedade dentro da nossa história de vida. Precisamos também aprender a criar centralidade, a controlar os nossos pensamentos, a refletir sobre nossas posturas viciadas, habituais e até certo ponto seguras, porém totalmente insatisfatórias.

Todos esses aspectos serão abordados a seguir. Desejo-lhes uma boa leitura e uma ótima aprendizagem!

Conceituando a ansiedade

O ser humano é ansioso por natureza.

— *Nossa!... — diria você. — Como é que é?*

E, é claro, você poderá ficar confuso com essa afirmação, certo? O fato é que precisamos entender que a ansiedade não é necessariamente ruim. Na medida em que é o deslocamento do aqui-e-agora para um tempo no daqui a pouco ou no futuro, precisamos do mecanismo da ansiedade para, por exemplo, planejar ações, situações, ou mesmo para atingir metas em nossa vida.

A sensação de ansiedade negativa ocorre quando você se desloca para um tempo no futuro e começa a pensar ou prever coisas negativas ou mesmo catástrofes. Quando você se desloca para o passado, o que sente é angústia e medo de que as coisas desagradáveis se repitam. A ansiedade aparece quando você começa a se cobrar para não repetir essas coisas desagradáveis, como se precisasse ter controle sobre tudo e todos. Essa cobrança é terrível e falarei sobre ela mais adiante.

Como tudo que se pensa passa para o corpo, imagine a tensão e o mal-estar diante de pensamentos recheados de medos ou catástrofes.

Em contrapartida, também o planejamento pode causar uma ansiedade negativa, quando há cobranças de perfeição, medo de errar ou fracassar, de "ter de" se dar garantias de sucesso, ou ainda uma cobrança para agir depressa — tudo isso cria uma pressão impressionante. É como se alguém o estivesse empurrando para andar quando você não quer ou não consegue. Já sentiu isso, não? E, com certeza, sabe como é desagradável.

Podemos dizer que a ansiedade é um estado de alerta em nossa mente que alimenta o planejamento de nossas ações buscando saídas, alternativas, e ensaiando ações de enfrentamento ou fuga. É o preparo do corpo para fazer algo que o cérebro julga que precisa ser feito, mas que nem sempre o é.

Entenda o processo: o corpo responde ao que pensamos e normalmente os pensamentos ansiosos negativos nos deslocam do aqui-e-agora para uma situação que, em geral, tememos ou que nos causa alguma preocupação ou apreensão. À medida que você pensa, por exemplo, em algo que o amedronta, o cérebro recebe a mensagem de que "precisamos estar alertas, precisamos nos defender"; o corpo fica então preparado para enfrentar a situação, mas o que ocorre é que a situação não está acontecendo de fato, trata-se apenas de uma fantasia sua, assim, todo o preparo do corpo para atacar, reagir e se defender gerou uma energia que não foi utilizada concretamente. O resultado de todo esse esforço é uma ansiedade negativa.

Nossa herança do processo de ansiedade é muito antiga, talvez dos tempos em que a humanidade teve de enfrentar perigos reais ou imediatos no seu dia-a-dia. Penso que a origem da ansiedade está na existência do homem na Terra como um ser pensante, e ela existe na natureza como uma forma de defesa e preservação da espécie. Desde que o homem está neste planeta ele vem enfrentando uma série de desafios, aos quais só sobrevivia quem tinha um sistema de vigilância bastante apurado. Inundações, ataques de feras, risco de morte a cada momento eram realidades cotidianas, e os indivíduos que estavam mais alertas e que tendiam a enxergar previamente o perigo tinham maiores chances de sobrevivência. Também os considerados perspicazes e inteligentes tinham mais chances.

Assim, podemos relacionar a ansiedade a quem tem uma mente ágil e perspicaz, que pode meio que "prever" situações de risco e programar sua defesa diante delas. Esta é a herança do homem: antecipar-se, preocupar-se permanentemente como se sua integridade física, sua sobrevivência, dependesse desse estado de constante alerta. O resultado é que trazemos desde o nosso nascimento um sistema de vigilância bastante sofisticado, que garantiu a sobrevivência de nossos ancestrais.

Os homens dessa época eram guerreiros, verdadeiros estrategistas, que tinham de lutar arduamente pela sua sobrevivência — também precisavam conseguir comida e um lugar seguro o suficiente para se reproduzir e assim dar continuidade à espécie. A seleção natural favoreceu a continuação da resposta da preocupação e da idéia de luta. Como descendente de antepassados que desenvolveram essa resposta ao longo de milhões de anos, é certo que o homem moderno ainda a possua.

O mecanismo de prontidão de defesa e preservação chama-se resposta de luta/enfrentamento ou de fuga. E todos os animais, inclusive nós, temos essa resposta em nossa natureza. Um gato amedrontado, com as costas arqueadas e o pêlo eriçado, pronto para correr ou lutar; um cão enraivecido com as pupilas dilatadas, rosnando para o adversário; uma gazela africana correndo de um predador; todos esses animais estão reagindo por conta da ativação da resposta de luta-ou-fuga . Quando o animal pressente um perigo que pode enfrentar, ele ataca e briga; no entanto, quando sente que não pode confrontar o adversário ou que o perigo põe em risco sua sobrevivência, ele foge, corre para longe do perigo. Digamos que a ovelha está pastando tranqüilamente; nisso, sente o cheiro de uma raposa se aproximando; a ovelha não fica pensando: *Será que a raposa já almoçou ou está mais dócil hoje?* Não, ela foge para bem longe da raposa e, de preferência, o mais rápido que puder. Porém, digamos que essa mesma ovelha tivesse de defender seu filhote: nesse caso, ela permaneceria no local e enfrentaria o predador.

Assim, o que temos? O mecanismo de auto-regulação para o enfrentamento ou a fuga oferece a opção de enfrentar (no caso de uma necessidade real de preservação da espécie) ou de fugir (quando o animal sente que não tem competência para enfrentar seu predador e, em legítima defesa e autopreservação, foge).

Certa vez presenciei uma cena interessante: um passarinho no ninho com seus filhotes percebeu a aproximação de um gato; ele fez o maior barulho, abriu as asinhas com muita garra e partiu para cima do gato. Talvez se eu não estivesse perto para espantar o gato, não sei se ele teria abocanhado o tal passarinho, mas o fato é que este sentiu que tinha de proteger sua prole e enfrentou um ser muito maior que ele. Em outros momentos, um passarinho sozinho não ficaria parado tempo suficiente para deixar um gato se aproximar, a não ser que fosse pego de surpresa, e temos de admitir que os gatos têm ótimas habilidades como caçadores. Logo, os animais sempre apresentam instintivamente a resposta de enfrentamento ou de fuga.

Com esses exemplos vemos que os animais também são ansiosos, porém não da forma que nós, humanos, sentimos a ansiedade.

O que muda em nós nesse processo? Como tendemos a pensar no homem como sendo essencialmente racional, perdemos de vista suas origens e sua luta darwiniana pela sobrevivência, na qual o uso bem-sucedido da resposta de luta-ou-fuga era uma questão de vida ou morte. Os ancestrais do homem com as reações de luta-ou-fuga mais desenvolvidas tinham uma chance maior de sobreviver tempo suficiente para se reproduzir. No entanto, as dificuldades daquela época eram completamente diferentes das de hoje: como a nossa civilização avançou em velocidade muito maior que as mudanças ocorridas em nosso organismo, possuímos um sistema de defesa extremamente eficiente para situações de risco físico, mas muito pouco ou nada eficiente para responder às dificuldades que envolvem estados emocionais ou riscos mais sutis, que só aparecem no nosso tempo, como problemas e preocupações com trabalho, desemprego, competitividade, violência, dificuldades de relacionamento, enfim, situações do nosso dia-a-dia que geram ansiedade mas que não demandam uma resposta específica como a da luta ou da fuga. E exatamente nesses momentos, e mediante problemas como esses, é comum que nos desloquemos para um espaço onde o foco são os pensamentos preocupantes, controladores, catastróficos, preventivos, medrosos, de cobrança, quando então mais fantasiamos do que agimos de forma objetiva. Por conta de tais pensamentos é que a ansiedade negativa acaba surgindo.

Assim, parece que ao longo da nossa história acabamos desenvolvendo o processo de ansiedade negativa no meio do caminho, entre a possibilidade de enfrentar ou fugir. O homem das cavernas tinha de ficar bastante alerta para prováveis perigos e imprevistos, por conta das condições adversas da natureza e das feras com as quais tinha de dividir o território. E se não fosse pela sua ansiedade e estado de alerta, talvez nossa espécie não tivesse se desenvolvido, está claro? Com o desenvolvimento do homem, as conquistas de espaços físicos e de habitantes de outras tribos passaram a ser importantes. Apareceram as idéias de poder, competição, posse, ambição. Não bastava ao homem ter uma fêmea e comida: ele tinha de competir pela fêmea e pela comida; não bastava mais ter comida para um dia: ele sentia que precisava acumular mantimentos. O homem aprendeu que não devia dividir, mas tomar, conquistar, e com isso mostrava sua superioridade física, sua força e poder, sua inteligência, enfim. Com base em tudo isso, pode-se afirmar que o estado de alerta ansioso resultou do desenvolvimento de estratégias de ataque e defesa. Afinal, poderia haver um ataque surpresa a qualquer momento, daí a necessidade de manter alguém "de guarda", para que o restante do grupo pudesse dormir "tranqüilamente" — ou talvez não tão "tranqüilamente", uma vez que era comum alguém dormir com uma arma na mão ou debaixo do travesseiro. Você, com certeza, já assistiu a algum filme de faroeste, no qual o mocinho dormia com um olho aberto e outro fechado, para assim evitar qualquer ataque, certo?

O fato é que o homem atual, para cuidar da sua sobrevivência, acabou desenvolvendo uma ansiedade mais sofisticada. Hoje, não basta cuidar da sua sobrevivência: ele acha que "tem de levar vantagem sobre o outro", ser esperto, usando sua inteligência e perspicácia não exatamente só para sobreviver, mas também para passar por cima do outro, fazendo uso de sua habilidade em se mostrar "melhor ou superior". Parece que esses fatores que satisfazem mais ao ego do que à alma acabaram gerando uma ansiedade muito grande, diante do medo de perder ou de sentir-se inferiorizado. O homem acabou desenvolvendo táticas para defender mais o próprio ego que a si mesmo.

Em contrapartida, o animal se defende não por conta do ego: é a sua natureza falando mais alto. Sua resposta de luta-ou-fuga é autêntica. O homem atual afastou-se da natureza e acabou desenvolvendo essa ansiedade mais neurótica, que defende não tanto a sua vida, mas o seu ego — ou seu orgulho e vaidade.

O que quero deixar claro com isso é que o processo de ansiedade — estado de alerta, ataque e defesa — existe em nossa história e cada um de nós tem essa história gravada em nosso inconsciente. É o que Jung chamou de arquétipo ou inconsciente coletivo, ou seja, a história da Terra e do homem na Terra está gravada e registrada em nosso inconsciente. Logo, temos essa ansiedade presente em nosso ser. E, é claro, como linguagem de autopreservação e da própria espécie.

Por mais que eu ame cachorros, jamais colocaria a mão na boca de um pit bull, ainda mais se no caso de um animal que eu não conheço. E, se encontrasse um pela frente vindo em minha direção, certamente ficaria ansiosa e com medo, pensando para onde correria da fera, uma vez que, com certeza, nem pensaria em enfrentá-la. Questão de preservação, não é mesmo? A resposta aqui seria de fuga, não de enfrentamento.

Porém, uma vez minha filha enfrentou uma cadela dálmata adulta para defender uma cachorrinha poodle. Saiu bem machucada dessa história, pois a dálmata mordeu todo seu braço, mas só depois de ver a pequena poodle a salvo é que foi perceber as mordeduras sérias que havia sofrido, bem como a dor, pois no momento do "enfrentamento", seu objetivo era proteger a cachorrinha. Aposto que você conhece alguma história assim, ou de alguma mãe que enfrentou uma situação hostil para salvar um filho, não é?

Quando falamos em perigos reais, fica mais fácil usar a resposta de enfrentamento ou fuga, o difícil é quando falamos em perigos nada controláveis, seja os provenientes da nossa imaginação catastrófica, seja outros como assaltos, balas perdidas, ou ainda o perigo das catástrofes naturais ou a insegurança político-econômica de nosso país.

Com certeza, sabemos que hoje o ser humano passa por inúmeras situações hostis, nas quais ou tem vontade de fugir, sair correndo, ou tem ímpetos de atacar e destruir o que o incomoda. Talvez porque tenhamos ficado um pouco mais civilizados ou mesmo porque desenvolvemos demais a idéia de que simplesmente lutar ou guerrear nem sempre nos conduz a uma vitória, o fato é que hoje não temos necessariamente atitudes coerentes com o que sentimos e nem sempre podemos agir por impulso. Às vezes, situações críticas e que ao mesmo tempo tememos nos impedem de agir, então seguramos toda essa herança de enfrentamento ou fuga, retendo nossa vontade e, ao mesmo tempo, não elaborando da melhor forma as situações que nos incomodam.

Saiba que a resposta de luta-ou-fuga provoca mudanças corporais, como aumento de pressão, ritmo de respiração alterado, maior fluxo de sangue para os músculos, metabolismo alterado e ritmo cardíaco mais intenso. Esclarecendo isso, devemos entender que quando a resposta de luta-ou-fuga é evocada, uma parte do sistema nervoso involuntário, chamada sistema nervoso simpático, torna-se intensamente ativa. Se você quiser erguer o braço, pode controlar o movimento voluntariamente e fazê-lo. O sistema nervoso involuntário ou autônomo lida com as funções corporais do dia-a-dia que, normalmente, não são conscientes, como a manutenção da pulsação, a respiração regular, a digestão de alimentos. Assim, quando a resposta de luta-ou-fuga é evocada, ela põe em ação o sistema nervoso simpático, que faz parte do sistema nervoso autônomo ou involuntário. Esse sistema age secretando hormônios específicos: a adrenalina ou epinefrina, e a noradrenalina ou norepinefrina, sendo que esses hormônios e suas substâncias correlatas provocam as mudanças fisiológicas citadas acima. A resposta de luta-ou-fuga acontece de maneira integrada e simultânea, e é controlada por uma área do cérebro chamada hipotálamo.

Assim, cada vez que o nosso cérebro "interpreta" que estamos em perigo, a partir do que estamos pensando ou vivenciando, ele imediatamente, de maneira automática e instintiva, irá modificar nosso corpo para a resposta de luta-ou-fuga do inimigo potencial.

Nosso cérebro identifica como igualmente perigosas situações que nos incomodam, como, por exemplo, circunstâncias que exigem que adaptemos nosso comportamento, situações tensas, que amedrontam, que preocupam, todas eliciando essa resposta de luta-ou-fuga. Todo o corpo fica preparado para atacar ou fugir da situação que causa tensão, seja ela imaginária, seja ela real, assim, o corpo fica mobilizado, tudo servindo para dar ao organismo as condições de enfrentamento ou fuga diante de situações que, sem dúvida, demandam energia e prontidão. A partir desse momento estaremos, então, preparados para um "combate".

E o que acontece diante daquelas situações sutis que nos incomodam? A resposta é a mesma. Só que, exatamente por tais situações serem mais sutis, a resposta não é executada, por isso sobra um residual de energia que acaba sendo o que chamamos de comportamento ansioso — identificado como algo que está dentro do organismo e não é confortável, ou que é sufocante e angustiante. Na maioria dos casos de ansiedade generalizada, a pessoa ansiosa nem tem idéia de como começou todo o processo, ela simplesmente se sente constantemente ansiosa. Com o tempo e pelo próprio acúmulo, toda essa energia resultante da ansiedade acaba sendo transferida para algum órgão, gerando o sintoma psicossomático, ou acaba funcionando como válvula de escape, por meio de certas manias ou desassossegos constantes.

O problema da ansiedade, hoje, não está na condição que o corpo fica para reagir; o que é muito ruim é que nem sempre a resposta (fugir ou reagir) ocorre e não há um encaminhamento adequado da energia mobilizada pelo cérebro. Perceba que quando a resposta de luta-ou-fuga acontece, a energia residual é gasta no enfrentamento ou na fuga. Porém, nas situações ansiosas dentro da nossa mente, essa energia não é utilizada. Como disse acima, às vezes alguém vivencia situações em que gostaria de destruir o objeto de sua raiva, brigar ou sair correndo, mas por algum motivo não faz nem uma coisa nem outra. Só que o fato de ter ficado com raiva ou com medo acaba por gerar no organismo toda a prontidão para que o indivíduo possa agir de uma forma ou de outra. Todo o preparo orgânico acaba gerando um gasto de energia, um estresse, e como a ação não é finalizada, uma quantidade de energia fica acumulada em algum lugar do corpo, e é isso que, com o tempo, acaba criando as doenças psicossomáticas.

Tomemos como exemplo um homem que vivencia uma situação hostil com seu chefe. Ele gostaria de "quebrar a cara" do fulano, mas tem de defender seu emprego; gostaria de falar "poucas e boas", mas não tem coragem, tem medo, e ainda fica extremamente tenso, porque sabe que amanhã terá uma reunião com esse chefe, que muito provavelmente irá criticá-lo, e ele terá de ficar quieto mais uma vez. Então ele pensa como seria bom confrontar e brigar com o chefe ou cair fora e largá-lo falando sozinho. Só que não vai fazer nada disso. Ao pensar sobre toda a situação pela qual está passando, esse homem, a partir de seus pensamentos ansiosos, levanta dentro de si toda uma prontidão, uma capacidade de resposta. Seu organismo está pronto para agir, só que a situação não está acontecendo de fato, tudo está em sua cabeça em um nível fantasioso, e ele sabe que não vai fazer nada a respeito.

Em tais situações, toda a energia que deveria ser canalizada para a ação acaba acumulada dentro do organismo, e nas várias vezes em que pensamentos ansiosos ocorrem, essa energia acabará somatizada no corpo, podendo desencadear inúmeros sintomas, como azia, dor de estômago, sufoco ou aperto no peito, bem como cansaço, tensões e dores em geral, úlcera nervosa, cefaléia, intestino irritável e outros sintomas que, ao longo do tempo, com certeza desencadearão estresse generalizado ou outras doenças mais graves ou crônicas.

De acordo com a metafísica, cada sintoma tem uma mensagem para a pessoa que o sente, a fim de que o indivíduo perceba e tome consciência da sua maneira de agir, que pode não estar sendo mais o melhor para o seu corpo.

Explicando: nosso organismo possui um sistema de auto-regulação que sabe o que é bom para nós em termos de atitudes e posturas mentais. A doença e o sintoma sempre pedem atenção e querem transmitir uma mensagem justamente sobre a necessidade de percebermos o que estamos fazendo de errado em relação a nós mesmos. A natureza nos impele para a evolução e para a maturidade, como que nos solicitando que paremos de nos comportar de determinadas maneiras que nos fazem mal. Sempre digo que as mesmas leis que atuam no material valem para o emocional. Quando você sabe que um determinado alimento lhe dá alergia, tenho absoluta certeza de que evita ao máximo comê-lo, não é? A reação alérgica do corpo é uma mensagem de que você não deve ingerir aquele alimento porque seu organismo não o aceita. Logo, no que se refere ao nosso sistema emocional, essa lei também é válida: o seu sistema imunológico o informará, via mal-estar, sufoco, insatisfação, tristeza ou qualquer outra sensação desagradável, quando um pensamento, atitude ou postura mental não são bons para você, está claro? Lembre-se de que a natureza protege a ignorância, mas não protege a consciência. Como já disse, essa é a maneira de a vida nos impulsionar para a maturidade e a evolução.

De qualquer forma, há um fato bastante real no somatório de situações ansiosas: o estresse e o sintoma em si. Se ficarmos movimentando nosso braço para cima e para baixo, continuamente, chegará um momento em que, mesmo que queiramos movimentá-lo, ele não irá responder, pois os músculos entraram em estresse. Claro que podemos gerar um estresse físico real depois de um grande esforço físico ou trabalho desgastante, porém, o estresse eventualmente poderá ser gerado sem que haja esforço físico, apenas esforço mental, por meio do mecanismo da ansiedade. Creio que, independentemente da interpretação metafísica, os sintomas de estresse que aparecem depois de várias situações de ansiedade são pertinentes porque estamos, sem dúvida, gastando uma energia considerável do nosso corpo por intermédio dos nossos pensamentos constantemente ansiosos. Falarei mais sobre o estresse adiante.

Vejamos outro exemplo: uma pessoa em um relacionamento complicado às vezes tem vontade de sair correndo e acabar com a situação, outras vezes tem vontade de destruir o objeto de sua raiva. Só que não faz nem uma coisa nem outra, apenas fica ansiosa, com medo, por vezes cobrando de si mesma a realização de um milagre para salvar a situação, ou fica esperando que o milagre surja de terceiros. A situação de espera causa uma ansiedade muito grande e toda energia mental gasta no processo é somatizada no corpo da pessoa, desestabilizando-a totalmente.

Outro exemplo: nossas preocupações. Cada vez que você se desloca para uma situação que o preocupa estará vivenciando, em fantasia, tudo o que acha que lhe dá medo ou que lhe causa insegurança e apreensão. Porém, perceba que a situação não está ocorrendo de fato no aqui-e-agora, mas mesmo assim você sente no corpo toda a tensão dessa situação preocupante.

Como já foi dito — mas não custa repetir —, é importante que você entenda que tudo o que pensamos passa para o nosso corpo. Se você pensar agora numa situação bem pesarosa que vivenciou, note que seus ombros caem, que sua expressão facial fica triste; se, em contrapartida, lembrar de um acontecimento bem engraçado, automaticamente sua postura corporal e expressão facial se modificam. No processo de ansiedade, quando você entra em contato com seus medos, com as catástrofes que ocorrem dentro da sua cabeça, o cérebro não distingue se a situação é real ou não, se está acontecendo de fato ou não, ele capta as impressões dos seus sentimentos e mobiliza todo o corpo para agir de acordo. Então, o que ocorre é uma descarga de adrenalina no sangue e todo o seu corpo fica preparado para o ataque ou para a fuga. Só que, como a situação está só na sua cabeça, não está acontecendo realmente, todo o esforço físico, com os conseqüentes sintomas de sudorese, tensão muscular, taquicardia etc., não é colocado numa ação real, logo, a energia resultante dessa mobilização acaba sendo somatizada — toda essa energia passa a se concentrar em algum ponto nevrálgico do seu corpo e você acaba desenvolvendo sintomas psicossomáticos como os citados acima. Na verdade, toda essa tensão pode levar a inúmeras enfermidades. Ponto nevrálgico ou órgão de choque é aquele ponto mais suscetível em nosso corpo, onde tendemos a acumular tensões. Há pessoas que têm o intestino como ponto nevrálgico; outras, a cabeça, e assim por diante. Em cada situação ansiosa, esses pontos sofrerão dores e pressões que podem, ao longo do tempo, se transformar em doenças crônicas.

A energia acumulada no processo de ansiedade é tanta que, por vezes, a pessoa acaba "descarregando" em algo que não existe: trata-se do indivíduo que, por exemplo, acaba "procurando pêlo em ovo", achando que precisa fazer algo, e com isso acaba criando problemas sem que eles existam realmente. Muitos comportamentos, como, por exemplo, não conseguir ficar parado sem fazer nada, ou ter mania de limpeza, podem estar inseridos nesse contexto. No fundo, a pessoa acha que tem de fazer alguma coisa, estar em movimento, e esses comportamentos são ações compensatórias para a quantidade de energia acumulada por conta da ansiedade. Balançar o pé sem parar e nem perceber que o está fazendo, bem como algumas manias, como ficar o tempo todo checando se fez algo (por exemplo, apagar a luz, fechar a porta), ou ainda comportamentos repetitivos, como bater a mão x vezes na parede, piscar os olhos, balançar o corpo, mexer com a boca etc. são comportamentos que acabam compensando o acúmulo de energia gerado em função do processo de ansiedade. Esses comportamentos são desenvolvidos por associação, mesmo que inconscientemente.

Enfim, na maioria das vezes, o indivíduo não entra em contato com o que está sentindo, com o que gostaria de fazer realmente. Trata-se da total falta de objetividade no agir, mesmo porque, às vezes, ele sequer tem consciência do que é que lhe está causando ansiedade. É o caso do ansioso crônico, que não tem consciência da sua ansiedade.

É interessante enfocar isso no processo psicoterápico, quando faço a pessoa perceber, por exemplo, que está balançando o pé: na maioria das vezes, ela não atina que o faz. Porém, ao entrar em contato com o que está fazendo, consegue perceber a mensagem por trás disso. Assim, tomamos consciência de como o nosso corpo nos fala: por meio dos nossos comportamentos, só que, muitas vezes, não nos damos conta disso, pois estamos prestando atenção demais na nossa cabeça, pensando, pensando, e com isso criando cada vez mais ansiedade.

Na gestalt-terapia há uma técnica para colocar a pessoa em contato com o seu sintoma e dialogar com ele. Por meio dessa técnica pode-se fazer com que a pessoa converse com o seu estômago e, ao emprestar uma voz para o sintoma (por exemplo, pressão no estômago), ela poderá tomar consciência do tipo de pressão que está exercendo sobre si mesma. Assim, podemos perceber como os sintomas nos falam de coisas e comportamentos que estamos exercendo com nós mesmos.

É importante buscar entender a raiz da ansiedade, que, na maioria dos casos, são medos e crenças que trazemos da nossa infância. Por exemplo, em famílias nas quais houve muitas discussões e brigas, é bastante comum que a criança desenvolva uma ansiedade muito grande porque, a cada briga, que por si só já era terrível e ameaçadora, ela nunca sabia o que aconteceria: se a briga iria parar, que final teria, e se no outro dia aconteceria novamente. Nesse momento, é possível que, por conta do próprio medo, a criança tenha introjetado a idéia de que precisava fazer algo, pois quem sabe assim a briga pararia. Ela pode até mesmo ter batido na parede cinco vezes e a briga, por coincidência, ter parado. Isso é o suficiente para essa criança desenvolver a idéia obsessiva de bater na parede cinco vezes, ou realizar qualquer outra ação por cinco vezes, toda vez que se sente ansiosa. Tal comportamento compulsivo alivia a energia acumulada pelo medo e a ansiedade, e acaba sendo associado a um pensamento mágico, como se a própria ação impedisse situações amedrontadoras de acontecer. Outras vezes, a criança pode simplesmente fazer uma associação de que, se tiver um comportamento muito adequado, como ser extremamente comportada, por exemplo, sua família não vai mais brigar. Na maioria dos contextos de ansiedade, a raiz está em situações da infância. Isso é o que chamamos de pensamento mágico, ou seja, a tendência de acreditar que se fizer alguma coisa específica poderá exercer o controle sobre determinada situação. É de vital importância entender que tal comportamento é uma ilusão total, e essa compreensão se faz necessária justamente para eliminar não só o comportamento compensatório, mas também a raiz da ansiedade.

Como já foi dito, todo pensamento ansioso acaba acumulando uma energia residual que precisa ser colocada em movimento, senão ocorre o processo de psicossomatização. E, quando a pessoa não atenta para essa energia, seu organismo cria suas próprias válvulas de escape, a ponto de o indivíduo acabar recorrendo a atitudes compensatórias, como, por exemplo, comer em excesso, ou também desenvolvendo agitações internas que terminam por ser exteriorizadas em seu corpo físico.

É interessante observar como em alguns casos de obesidade a pessoa come por ansiedade. Entenda o processo: à medida que essa pessoa se preocupa com algo no futuro, algo que lhe causa medo ou tensão, o que acontece é que há um espaço entre o aqui-e-agora e a situação futura com a qual ela se preocupa. A compensação está em querer preencher esse espaço incômodo para a pessoa, então, conseqüentemente, ela come ou fica "beliscando" guloseimas, o que não só preenche o "vazio" como também é uma ação, na qual ela acaba gastando a energia acumulada pelo processo de só pensar. No livro *É tempo de mudança*, quando discorri sobre obesidade no capítulo "Em paz com seu corpo: mantendo o peso ideal", mencionei várias raízes emocionais da obesidade. É claro que se uma pessoa não entender porque desenvolveu a obesidade, não conseguirá fazer uma dieta que dê certo — na maioria das vezes sequer conseguirá começar uma dieta ou gerar uma disciplina de emagrecimento.

Assim, é muito importante entendermos nossa história de vida para que possamos compreender os vazios emocionais ou crenças e decretos do eu-emocional a partir de lacunas, necessidades que tivemos, carências, medo de sermos abandonados, medo de morrer, sentimentos que são as verdadeiras raízes emocionais que desencadearam posteriormente o processo de ansiedade.

Como foi explicado no livro *Em busca da cura emocional*, de acordo com a formação que tivemos e com as interpretações que fizemos a partir do que vimos, ouvimos e sentimos em nossa infância, desenvolvemos certos decretos, crenças, programas de autocobranças, verdadeiras exigências absurdas, forçando-nos a assumir responsabilidades utópicas e ilusórias, e fizemos tudo isso para sobreviver dentro de um esquema específico; introjetamos crenças e decretos para sobrevivermos mal, porém, a idéia era sobreviver, com isso aprendemos a perder o contato com a nossa natureza, aprendemos a ficar fora do aqui-e-agora das situações; desenvolvemos formas de pensar e de nos preocupar, achando que se não pensarmos e tentarmos controlar as coisas, nada acontece. E o pior é que nada acontece mesmo, pois só pensamos e deixamos de lado o agir de forma objetiva e realista, levando em conta os nossos verdadeiros limites.

À medida que tomamos consciência do nosso processo emocional, da nossa maneira de ser e de ver as coisas, temos condições de interromper e curar a ansiedade negativa. Precisamos desenvolver confiança na força atualizadora ou na natureza dentro de nós; precisamos perceber a força natural de nossos recursos interiores para podermos aprender a contar com essa força e pararmos de querer controlar o futuro e os outros com o nosso pensamento.

Outrossim, precisamos desviar o foco dos problemas em si e, em vez de somente nos preocuparmos, devemos perceber as saídas que temos à nossa disposição, a fim de oferecer a nós mesmos alternativas que nos façam sentir melhores e mais felizes.

No exemplo anteriormente citado do homem que odeia seu chefe, o ideal seria que ele parasse e percebesse que, se a sua necessidade no momento é preservar o emprego, terá de aceitar o chefe como ele é. Esse homem poderá, talvez, usar a energia proveniente da raiva para falar com o chefe, explicar o que pensa e colocar sugestões. O que não pode, de fato, é negar o que sente: ele nunca poderá dizer para si mesmo que "tem que amar" o chefe. Respeitar o outro como o outro é não significa ter de amá-lo. Aceitar o outro é aceitar uma realidade que não está em suas mãos modificar. A saída é encontrar alternativas, atitudes e ações que o façam sentir-se bem, apesar de a realidade ser como é. A saída é fazer opções a seu favor e que atendam às suas necessidades prioritárias. Isso é agir de forma inteligente, usando a inteligência emocional, não seus instintos irracionais.

Desse modo, deduzimos que uma boa forma de lidar com as nossas emoções consiste, em primeiro lugar, aceitar o que sentimos. É muita sacanagem negar o que sentimos; na realidade, é muito desrespeitoso. Precisamos aceitar o que sentimos e em seguida nos perguntar, refletindo verdadeiramente o que está em nossas mãos fazer por nós mesmos. Perceba que aceitar a realidade como ela é não significa passividade ou submissão. Você sempre poderá se perguntar o que prefere fazer diante de algo que não pode mudar, e então optar com base no bom senso, isto é, tomar uma decisão que o faça sentir-se bem.

Devemos também lembrar que as situações ideais estão somente em nossa cabeça. E não devemos ficar com o ideal, porque se você fica em contato só com o que seria ideal, cada vez que você olhar para a realidade, ficará chocado e frustrado. O equilíbrio está em respeitar o seu ideal, mas também implica ter bom senso suficiente para estabelecer metas e ações que levam em conta sua realidade e suas necessidades imediatas.

A aprendizagem deve ser no sentido de você se perceber melhor, a maneira como pensa, quando começa a acumular energias demais pela não-ação e a melhor forma de reorientar essa energia para ações coerentes que satisfaçam suas necessidades reais e que sejam confortáveis, agradáveis e que tragam mais vantagens que desvantagens.

Esse é o meu modelo de equilíbrio psicoemocional, cuja fórmula é:

Se você tem uma necessidade, o correto é que consiga gerar uma ação para satisfazê-la com bom senso, ou seja, a necessidade tem de ser satisfeita com ações que o façam sentir-se bem e confortável, feliz realmente.

Raízes da ansiedade

"Aceite a si mesmo, ame a si mesmo.
Você é uma criação de Deus.
A assinatura de Deus está em você e você é especial, único.
Ninguém jamais será como você; você é simplesmente único, incomparável.
Aceite isso, ame isso, celebre isso e, nessa própria celebração,
você começará a ver a singularidade de todos e de tudo que o rodeiam."
(Osho)

A raiz dos problemas emocionais foi extensamente explicada no livro *Em busca da cura emocional*. Porém, quero abordar aqui resumidamente que a raiz da ansiedade tem origem, com raras exceções, na formação que o indivíduo recebeu e nas interpretações que fez a partir do que ouviu, viu e sentiu.

Acredito que desde o nosso nascimento já trazemos um conteúdo individual, que é como um conjunto de crenças impregnadas no espírito e, em função disso, cada um de nós tem um propósito nesta vida atual. Não acredito que nada seja por acaso, assim nascemos na família, cultura, sociedade e num momento específico da história do planeta, e tudo isso tem a ver com o que precisamos realizar e descobrir para que possamos continuar a evoluir. De qualquer forma, o conteúdo é individual, só que esse conteúdo que já existe em estado latente acaba sendo influenciado pela formação que recebemos. Afinal, o bebê nasce e se o observarmos, veremos que tem uma soltura e curiosidade que lhe são naturais, e isso é a natureza atualizadora agindo dentro dele, é a sua própria natureza individual incentivando-o a conhecer o mundo. Só que esse bebê começa a ser influenciado, restrito e podado pelos valores e comportamentos do ambiente à sua volta. A natureza espontânea começa a ser substituída pelo ego.

Exemplificando: a natureza individual e espontânea do bebê o faz agir com a maior curiosidade quando pega um objeto e o examina. O bebê fica totalmente envolvido nesse ato: pega o objeto com suas mãozinhas, leva-o à boca, olha para ele interessadíssimo, enfim, todo o seu corpo está mobilizado na exploração daquilo que tem nas mãos. Esse seria o comportamento espontâneo.

Já o comportamento egóico que assumimos com a nossa formação poderia ser exemplificado da seguinte forma: a criança, em vez de estar envolvida com o objeto de seu interesse, começa a se preocupar se alguém a está olhando, ou ainda mais, com o que essa pessoa espera que ela faça com o objeto, começando a pensar se é adequado levá-lo à boca, se deveria ou não pegá-lo, ou se apenas deveria olhá-lo, sem tocá-lo.

Dá para perceber a interferência, que é justamente a presença do outro e a preocupação em atender às expectativas do que se espera dessa criança?

Outrossim, a nossa realidade enquanto somos pequenos é que somos totalmente dependentes do meio ambiente primário. Sempre há uma condição de dependência natural por parte do bebê em relação ao ambiente em que vive, uma vez que ele não conseguiria sobreviver sozinho. O bebê realmente depende de alguém que cuide dele. Por conta dessa dependência inicial e real, há o medo instintivo do abandono, pois isso significaria sua morte. Por uma questão de instinto de sobrevivência, todos nós acabamos, então, desenvolvendo crenças e comportamentos por meio dos quais achamos que temos de atender às expectativas do meio ambiente, para assim garantirmos nossa sobrevivência. É claro que acabamos introjetando formas de ser e comportamentos que geram um modelo ruim de sobrevivência, porém, é sobrevivência, de qualquer forma.

O mecanismo da ansiedade está por trás de quadros como perfeccionismo, com autocobranças e exigências bastante absurdas, bem como baixa auto-estima, medos, fobias, falta de confiança, depressão, transtornos obcessivo-compulsivos e mesmo simples manias, sendo que todos esses comportamentos foram interpretados, portanto incorporados, pela criança como necessários à sua sobrevivência.

Falemos, então, um pouco sobre esses quadros, que foram extensamente discutidos no livro *Em busca da cura emocional.*

Perfeccionismo

Perfeccionismo é o mecanismo no qual a pessoa acha que tem de ser perfeita, não pode errar. O mecanismo da ansiedade é acionado automaticamente quando a pessoa sente que corre o risco de errar. Se não confrontar a cobrança, percebendo que errar é absolutamente normal e que o erro faz parte da aprendizagem, a pessoa pode até entrar em pânico, pois um dia acreditou que o erro poderia ser fatal para sua sobrevivência.

O que essa pessoa entende por errar? Normalmente, o perfeccionista considera erro tudo o que seu ideal de perfeição não consegue realizar. Logo, em sua interpretação, tudo é possível de ser realizado.

Exemplo de erro segundo a interpretação do perfeccionista: não conseguir atender às expectativas de alguém, ou seja, desagradar à outra pessoa. Em alguns contextos, em geral lares onde os pais e o meio ambiente são austeros, críticos e exigentes, a criança assimila a idéia de que precisa corresponder a todas as expectativas de seus pais, senão, qual é a ameaça? A ameaça em seu subconsciente é de contrariá-los, de eles virem a se afastar dela por conta da mágoa, logo, ela corre o risco de ser abandonada, de ficar só e, conseqüentemente, surge o medo de sucumbir. Essa é normalmente a linha ameaçadora que está por trás do medo de errar, de não corresponder às expectativas do meio, de não agradar e, por causa disso, não ser aceito.

Um ponto importante e que deve ser entendido é que os modelos que adotamos para lidar com os nossos pais ou pessoas do meio ambiente primário acabam sendo transferidos automaticamente, depois que crescemos, para pessoas em relação às quais temos um sentimento forte ou que consideramos superiores a nós. O mesmo procedimento de querer agradar e atender às expectativas dos pais, julgando não poder errar para não magoá-los, é transferido para a pessoa amada, para alguém hierarquicamente superior e até para Deus. Trata-se do clássico exemplo da pessoa que morre de medo de pecar e acha que Deus está anotando tudo o que ela faz de errado, logo, se errar, perderá o amparo de Deus e será punida. Incrível, não? Mas é o que acontece de fato.

O importante perante um quadro de perfeccionismo é que a pessoa comece a perceber e refletir sobre os absurdos que se cobra ou impõe, como se tivesse de ser infalível, um robô ou ET, esquecendo-se de que é apenas humana e naturalmente falível. O lado cobrador é aquela voz de cobrança dentro da mente que impõe coisas malucas, impossíveis de serem atendidas. E é claro que se há um lado cobrador, há o lado cobrado, ou seja, o lado que recebe e ouve todas essas cobranças. E o perfeccionismo é justamente isto: a idéia que o lado cobrador tem de que é possível e ponto final. E esse lado cobrador impõe coisas absurdas ao lado cobrado, que, para se defender, acaba enrolando o lado cobrador com promessas do tipo: *Depois eu vejo; amanhã eu juro que faço; certo, eu concordo, mas agora não dá etc.*, e por aí vai.

Entenda que o lado cobrador impõe e toda imposição tem cara de obrigação, e isso cria um peso ruim, logo, quando a natureza entende que se trata de uma cobrança, de uma obrigação com peso, automaticamente há por parte do lado cobrado uma contra-reação na mesma intensidade da cobrança. Resultado: nada acontece, há um conflito de energias, um lado forçando em uma direção e o outro forçando em outra. Com o tempo surge uma sensação de insatisfação muito grande, na qual o desconforto é perceber-se como alguém totalmente incompetente e incapaz.

Só que, entenda, essa sensação de incapacidade e incompetência só existe porque o lado cobrador acha que você pode fazer tudo o que ele quer quando, na realidade, não dá, assim, o que é considerado incompetência e incapacidade significa simplesmente isso: limite, uma barreira que mostra o espaço onde se pode ou não atuar. Não dá para agradar a alguém sempre, não dá para ser perfeito e nunca errar. Isso é limite, não incompetência.

Sempre pergunto para aquele cliente perfeccionista: *Você se sentiria incompetente por não conseguir transformar alumínio em ouro ou por não conseguir levantar um container de oito toneladas?*. É claro que o cliente responde: *Lógico que não, pois isso é impossível.*

Este é o ponto: perceba que certas cobranças absurdas do seu lado cobrador também não são possíveis de ser atendidas, logo, a conclusão é a mesma: se não é possível, não há incompetência ou incapacidade, mas limite, a barreira entre o possível e o impossível. O que é possível está dentro do nosso campo de ação de acordo com a realidade e o nosso livre-arbítrio. Eu posso não querer levantar-me neste momento para pegar um copo de água e isso é não querer, não tem nada a ver com não conseguir ou ser incapaz de. Percebe a diferença?

Acabar com as idéias perfeccionistas resume-se a questionar e confrontar o lado cobrador. Questione sempre suas idéias de cobranças e pergunte-se: *O que acontecerá de terrível se eu não fizer isso?*

Sabe a finalidade dessa pergunta? Ela serve para você identificar as ameaças por trás da cobrança, pois só desenvolvemos o perfeccionismo e, por conseqüência, o nosso lado cobrador, como defesa diante do medo de sermos normais, de sermos somente nós mesmos, sem termos de agradar a alguém ou corresponder-lhe às expectativas. Ao confrontar as idéias cobradoras e investigando sobre o que de pior poderia acontecer se não fizer o que o lado cobrador impõe, você perceberá que, na realidade, a ameaça subliminar é o medo de ficar sozinho, de ser abandonado e de morrer, claro.

Tudo o que o perfeccionista acha que o outro ou o mundo espera dele é exatamente o que ele espera dos outros e do mundo, assim, na realidade, o que está por trás disso são as suas necessidades emocionais.

E são estas exatamente as nossas maiores necessidades, que, hoje adultos, temos de suprir: atenção, aceitação, aconchego, respeito, consideração, amor, tudo o que gostaríamos que nos tivesse sido dado, tudo o que esperamos receber. Cada um de nós tem suas necessidades em maior ou menor grau, certo? Cabe então a cada um de nós supri-las, direcionando nossas ações e atitudes em prol de nós mesmos e da nossa vontade.

Como é que fazemos, então, para nos dar atenção e compreensão? Começando a perceber e respeitar nossas idéias e vontades, o nosso sentir, sem críticas ou punições.

Sempre faço questão de esclarecer que essa forma de agir não tem nada a ver com egoísmo, mas com responsabilidade. Agir assim não significa nunca agradar a ninguém, pelo contrário, significa agradar-se acima de tudo, e se você agir de acordo com seu coração e sua vontade mais verdadeira, você não imagina que pessoa sensacional e bondosa existe aí dentro de você.

Ser natural e espontâneo é isto: agir pelo coração, não por manipulação, uma vez que agradar a alguém esperando receber algo de volta é uma tremenda manipulação que fazemos ao longo da vida e sem perceber quanto somos manipuladores e nada autênticos.

Na realidade, existe um mecanismo protetor em nossa natureza: sempre que fazemos sacrifícios em excesso para com os outros, criamos expectativas, frustrações, e posteriormente cobranças e brigas. Esses detalhes foram bastante elucidados no livro *A essência do encontro*, que aborda as neuroses nos relacionamentos. Assim, para trabalhar sua autenticidade, a regra é sempre agir segundo as vontades verdadeiras, pelo coração, sendo natural, espontâneo e verdadeiro, pois o relacionamento que começa assim sobrevive sem neuroses.

Detalhe importante: o trabalho de resgate da sua natureza verdadeira, ou seja, saber realmente quais são suas verdadeiras vontades, exige uma condição: desobrigar-se. Portanto, largue as idéias de obrigação e cobranças e transforme-as em opções. O querer verdadeiro não aparece quando há "ter que".

Diga para si mesmo: *Não tenho que... nada!* Desobrigue-se e pergunte-se: *O que eu quero? O que vai me fazer bem? De que forma e com o que eu me sinto melhor?*

Apóie-se, respeite suas vontades essenciais, não suas idéias perfeccionistas!

Baixa auto-estima e falta de confiança

Baixa auto-estima é falta de amor-próprio com sensação de desvalia e falta de merecimento.

Toda e qualquer situação de crítica, ou situações em que a criança entendeu ou concluiu que não era boa o suficiente, vão gerar um quadro de baixa auto-estima e/ou falta de confiança. Na maioria das vezes, a conclusão errônea da criança é que, se o pai ou a mãe agiam de uma determinada forma, falavam o que falavam e faziam o que faziam, era porque ela não era muito boa mesmo. Afinal, ela era a criança e eles, os adultos. A principal conclusão errônea diante de críticas e repreensões recebidas é: *Não posso ser do meu jeito; o jeito que sou é ruim; sou um erro e cheia de defeitos etc.* E nesse momento a criança aprenderá a se colocar por baixo, inferiorizando-se e não vendo nenhum valor em si mesma. E acaba levando esse conceito pela vida afora, não se aceitando, não se gostando, não se dando valor, enfim, não dando importância para o que sente.

Há pessoas que mesmo obtendo muitas realizações e sucessos ao longo da vida não se valorizam, pois acham que tudo não passou de fazer sua obrigação. É claro que essa crença originou-se no fato de terem ouvido isso dos pais ou de pessoas que julgavam importantes em sua formação primária. A criança tirava nota dez e ouvia que isso não era nada mais que sua obrigação; não havia elogios.

Durante a terapia, uma cliente contou-me que seu pai nunca a elogiava, pelo contrário, só exigia, como se tirar menos de dez fosse irresponsabilidade e má vontade. E, a cada nota dez, dava algo como dez centavos a mais na mesada. Assim, minha cliente sempre se viu literalmente "se matando" para tirar dez em todas as provas. E passou a acreditar que o seu valor e sobrevivência estavam calcados no ter de ser a melhor, sempre. Imagine o seu processo subliminar de ansiedade por meio dessa cobrança absurdamente impositiva? Com a ansiedade sempre presente por conta da cobrança e do medo de não se sentir boa o suficiente, essa moça tornou-se uma pessoa irritadiça e mal-humorada na maior parte do tempo, com um processo de TPM absolutamente horroroso, tudo em conseqüência de suas imposições desmedidas, gerando sobre si mesma uma pressão imensa e, como resultado, mau humor, raiva, depressão, estresse, entre outros sintomas. Para resolver todos esses sintomas ela precisou perceber esse âmago emocional de crenças, retirar a pressão de suas próprias cobranças, sintonizando o seu sentir para ser razoável consigo mesma em vez de exigente e desvalorizadora.

O ato de valorizar-se realmente significa dar valor ao ser como é, não ao ato de fazer ou aos resultados que consegue, considerando-os uma extensão de seu valor pessoal.

Baixa auto-estima nada mais é que um péssimo conceito sobre si mesmo, em que a pessoa não se dá e não reconhece valor nenhum em seu jeito de ser. Normalmente esse indivíduo ouviu comentários do tipo: *Você não serve para nada; você é um horror, não faz nada certo; você nunca será alguém de valor, nunca dará certo na vida; você não fez mais que a sua obrigação etc.* Terrível, não? Mas é muito comum certas pessoas terem ouvido ou sentido coisas desse tipo. É como se a pessoa em questão introjetasse a idéia de que isso é verdade e ponto. Alguns contextos familiares superprotetores ou com pais muito repressores também geram indivíduos com baixa auto-estima, uma vez que não aprenderam a confiar em si mesmos. O fato é que, quando fica estabelecido um padrão de baixa auto-estima e falta de confiança, lá na frente, quando adulto, esse indivíduo invariavelmente terá uma vida difícil, na qual nada dará certo, e a cada insucesso ou frustração, ele acabará interpretando tais resultados como a certeza que já tinha dentro de si: *Sou um verdadeiro fracasso, uma porcaria; nunca darei certo mesmo; sou um nada.*

E a ansiedade estará presente a cada passo, a cada atitude, como uma espécie de voz subliminar dizendo: *Cuidado, você é um fracasso, você é ruim demais.* Essa ansiedade se torna um frio na barriga, um medo da catástrofe, do desconhecido, principalmente porque a pessoa não sabe contar consigo mesma.

O primeiro passo para trabalhar a auto-estima é aceitar-se, amar-se e reconhecer o valor que existe em si por ser o que é, independentemente de qualquer resultado ou ação. A idéia é que você se reconheça, sentindo que vale pelo que é, não pelo que faz ou fará.

Frases e reflexões como: *Eu sou o que eu sou, tenho o direito de ser o que sou, tenho o direito de expressar o que sou e sinto*, são interessantes para que você se proponha reconhecer em si mesmo uma natureza única, portanto, que não pode ser comparado com nada nem com ninguém, e que por isso mesmo tem o direito de ser quem é. Ora, se você é algo único e tem o direito de ser o que é, para que criar ansiedade com preocupações e expectativas de que o seu valor tenha de vir de fora? O outro também é único: é a mesma lei que vale para você, certo? Logo, ele também tem o direito de ser o que é e de expressar-se autenticamente. Se pensássemos mais sobre isso, acabariam as críticas, expectativas e julgamentos. Não seria maravilhoso um mundo assim, só de pessoas espontâneas? Bem, por enquanto, devemos trabalhar cada um dentro de si mesmo, isoladamente, a fim de acabarmos com a ansiedade medrosa de não sermos uma coisa boa quando na realidade somos muitos bons e temos um valor inestimável.

Outra atitude importante no resgate da auto-estima é agir em prol de si mesmo, suprindo as próprias necessidades e buracos emocionais, bem como reconhecer os seus talentos e a sua maneira única de se relacionar com as coisas do mundo. Seu gosto é único, suas digitais também; o seu jeito de fazer algo, mesmo que copiado, é seu, portanto único. Assim, reconheça-se! Reconheça o valor dos seus gostos, do seu corpo. Por quanto você se venderia? Por quanto venderia partes do seu corpo? Pense nisso.

Como o nosso assunto é a ansiedade, voltemos a ele, assim poderemos perceber a ansiedade por trás de uma baixa auto-estima e falta de confiança. A pessoa sem autoconfiança é morna e fala sem convicção; tem medo de opinar e de fazer as coisas sozinha; precisa de conselho, ou melhor, da aprovação do outro, e com isso desvaloriza o seu sentir e, é claro, tem medo de correr riscos e de se expor. Aliás, por falar em sentir, não parece saber sentir-se, pois, na maioria das vezes, não foi treinada para isso. O que fazer, então?

Há a necessidade de treinar o sentir, de perceber o seu corpo com todos os seus sentidos, que estão o tempo todo lhe informando suas necessidades. Perceba que o seu corpo está sempre aí, o que você precisa fazer é dar-lhe atenção, propor-se a estar aberto para perceber os toques de sua natureza por meio do que sente. E lembre-se de que a linguagem de desconforto e insatisfação sempre lhe pede atenção. É como se o corpo falasse: *Tem um problema aqui que você precisa notar*, e cabe a cada um de nós ouvir o que o nosso corpo fala através dos sintomas que se apresentam. Discutiremos um pouco melhor esse tema quando falarmos sobre doenças psicossomáticas.

A auto-segurança consiste em "segurar-se", apoiar-se nas próprias sensações, percepções, vontades e capacidades reais. Sempre digo que não existem pessoas inseguras, mas pessoas que criam insegurança ao se afastarem de si mesmas para ficar com o conteúdo externo de outrem. A insegurança aparece, por exemplo, quando você se cobra absurdos do tipo: *O que o outro espera de mim? O que ele pensa? Como é que vai ser? E se der tudo errado? etc.* E tais cobranças sempre estão relacionadas a questões que não estão sob seu controle e que você nunca poderia assumir que pode adivinhar ou antecipar. Entenda bem isto: no momento em que sente insegurança, essa sensação quer lhe mostrar que você está fora do seu centro, tentando se apoiar em coisas que estão fora do seu controle. Lembre-se de que a sua segurança não pode estar fora de você, mas centrada em sua vontade, em sua capacidade e no seu livre-arbítrio. Assim, o único caminho é ficar no aqui-e-agora da ação e perceber claramente o que lhe é possível fazer — e de preferência de acordo com a sua verdadeira vontade e possibilidade.

Um exemplo bem comum: uma pessoa vai dar uma palestra ou curso. Qual é o seu ponto de segurança? Estudar bem o tema sobre o qual vai falar e preparar-se para fazê-lo da melhor forma possível, pois esses são aspectos que dependem de si mesma. No entanto, essa pessoa passa a desenvolver sentimentos de insegurança quando começa a se preocupar e a se cobrar coisas do tipo: *Será que todos vão entender? Será que todos vão gostar? O que irão pensar de mim? E se eu esquecer algo importante? E se eu gaguejar? etc.* Tais detalhes não estão sob o seu controle. Outrossim, ela não pode se dar garantias, somente poderá se propor a fazer o seu melhor.

Sua segurança não está fora de você, no seu emprego, no seu relacionamento; tudo isso pode acabar e você ficará com a sua experiência, com a sua vivência, com os seus sentimentos, com o seu querer, que são seus pontos de segurança real. Isso sim representa seu ponto de ação.

Portanto, quando saímos do nosso ponto de ação e verdadeiro controle, e tentamos nos segurar em coisas, pessoas ou aspectos fora de nós, criamos nossa própria insegurança. Está claro? Assim, não coloque seu valor e sua segurança fora de si mesmo, tampouco nas mãos de alguém.

Medos e fobias

Muito foi dito e explicado sobre os medos e pânicos no livro *Em busca da cura emocional.*

Elucidando sucintamente, os medos também têm o objetivo de preservar a vida, pois alguém sem medo nenhum tende a ser um suicida em potencial. Os medos neuróticos paralisam, assim, precisamos aprender a lidar e a reconhecer em nossos medos o estado de alerta que é positivo e que preserva nossa integridade, ou o medo negativo ou estado de paralisia que nos impede de prosseguir e que embute a ansiedade.

Os medos podem ter causas como:

- Perigos reais ou traumas ocorridos em algum momento da vida. Por exemplo: ter sido mordido por um animal, ver-se no meio de uma enchente etc.
- Sensações de medos infundados, de acordo com a imaginação, como, por exemplo, diante de coisas que não conhecemos, filmes de terror, leituras fantásticas.
- Medos exagerados que causam sensação de alarme e inquietude, timidez, angústia ou pânico, e esses são os medos que têm como pano de fundo situações psicoemocionais, com ameaças internalizadas como abandono e morte.

Os medos são muito particulares e não podem ser generalizados. Quando uma pessoa diz que tem medo de água, por mais absurdo que isso seja para alguém, esse medo deve ser respeitado. Precisamos entender os medos. Na maioria das vezes, eles mostram potenciais que a pessoa tem e não reconhece em si mesma. Na realidade, alguns medos representam uma inversão. Exemplo: alguém pode evitar uma determinada situação por medo de ficar sozinho, sem perceber que já convive com isso, ou seja, que já se sente sozinho — e aqui o medo só está pedindo que a pessoa entre em contato com sua real solidão —, ou os momentos em que literalmente se abandona, não dando atenção às suas vontades e direções internas, e, na maioria das vezes, deixando-se levar para não desagradar a alguém ou por não querer correr riscos.

Cada pessoa precisa prestar atenção ao que tem medo. Os medos eventualmente podem ser projeções de características que temos e não queremos ver. Esses conteúdos podem ser projetados em animais ou insetos que tememos. E podem ser características positivas ou negativas. Uma pessoa pode ter muito das características de uma aranha, por exemplo.

Faça a seguinte experiência, caso tenha medo de algum bicho: imagine que empresta uma voz a esse bicho e que o deixa falar de si mesmo, de suas qualidades e potenciais. Sem dúvida, você perceberá algum potencial ou talento que possui e não usa, daí o projeta no bicho, e ao lidar com isso, o medo desaparece, porque você integrou uma qualidade de sua natureza por meio da conscientização.

Certa vez trabalhando com uma cliente um sonho com cobras, ela declarou sentir asco e repugnância por esses animais. Utilizando o exercício acima da gestalt-terapia, que é o de emprestar uma voz ao bicho para falar de si mesmo, ela percebeu um aspecto interessante nas cobras: flexibilidade e sensualidade, que eram aspectos muito mal trabalhados em si mesma e que precisavam ser integrados e percebidos em sua natureza.

Um medo de altura pode significar atitudes de liberdade e espontaneidade que uma pessoa não se permite; a claustrofobia pode significar que alguém tem atitudes de auto-sufoco, podando-se em tudo o que quer, necessitando, então, de um espaço que com certeza não se oferece para ser o que é e fazer o que tem vontade.

O fato é que os medos impedem a pessoa de prosseguir e de fazer o que, no fundo, gostaria.

É fato também que todo medo traz ansiedade. Por quê? Porque a pessoa fica pensando nas possíveis catástrofes e sensações terríveis que teria se estivesse numa determinada situação. Como já vimos anteriormente, o pensamento focado somente nas possibilidades negativas e catastróficas aumenta o nível de ansiedade negativa.

O ideal aqui seria focar também a parte positiva, não querer adivinhar o futuro ou temer que as coisas ruins do passado se repitam novamente. Mais uma vez vemos quão importante é dominar a mente e não se deixar levar pelas idéias catastróficas.

Um trabalho interessante com os medos, segundo a psicologia cognitiva, é o que chamamos de aproximação sucessiva e que você pode experimentar para lidar com seus medos e ansiedades.

Peguemos como exemplo o medo de dirigir. Esse medo pode ser interpretado como uma dificuldade em assumir as rédeas da própria vida. Já trabalhei com muitas pessoas nessa situação e a maioria delas tinha medo de se assumir, de se posicionar, de dizer o que pensava, de colocar as rédeas da vida nas próprias mãos, e de correr riscos sem cobranças absurdas. E, é claro, que quando trabalhamos os medos, temos de analisá-los sob todos os ângulos.

Voltando ao nosso exercício, especifique para si mesmo seu nível de ansiedade, quantificando-o de 1 a 10. Exemplificarei várias etapas, situando-as de acordo com o nível de ansiedade.

Nível de ansiedade 1:
Entrar no carro parado na sua garagem.

Nível de ansiedade 2:
Girar a chave no contato e ligar o carro dentro da garagem.

Nível de ansiedade 3:
Tirar o carro da garagem e colocá-lo de volta.

Nível de ansiedade 4:
Dar uma volta com o carro na rua em que mora, acompanhado por alguém.

Nível de ansiedade 5:
Dar uma volta com o carro na rua em que mora, sozinho.

Nível de ansiedade 6:
Dar uma volta no quarteirão, acompanhado por alguém.

Nível de ansiedade 7:
Dar uma volta no quarteirão, sozinho.

Nível de ansiedade 8:
Dar duas ou três voltas em dois ou três quarteirões, sozinho.

Nível de ansiedade 9:
Ir ao supermercado ou ao shopping center mais próximo de sua casa, estacionar, entrar no estabelecimento e voltar para casa.

Nível de ansiedade 10:
Dirigir sozinho por períodos e distâncias gradativamente maiores a cada dia.

Essa quantificação é apenas um exemplo. Você mesmo pode elaborar sua escala quantitativa de ansiedade. A idéia é que você permaneça no mesmo nível até que não sinta mais ansiedade. No nível 1, por exemplo, você deve entrar no carro e respirar, presentificando o seu corpo no aqui-e-agora, até se sentir calmo. E, a cada nível, é o que você deve fazer, ou seja, acalmar-se e, quando se sentir calmo, efetuar o desafio em cada nível, e parar para se acalmar se a ansiedade aparecer. Que tal tentar? E, por favor, lembre-se de colocar foco na tentativa a cada passo, valorizando-se justamente por tentar.

É impressionante o que conseguimos quando aprendemos a controlar nossos pensamentos, colocando um domínio e não se deixando levar pelas idéias catastróficas. É claro que existe a possibilidade de você sair e bater o carro, porém, veja bem, essa é uma possibilidade, também existe a possibilidade de que nada aconteça, certo? E esse domínio da ansiedade precisa ser treinado. Você aprenderá ao longo deste livro várias técnicas para lidar com a sua ansiedade, e o mais importante é treiná-las todo dia um pouquinho, justamente para lançar mão desses recursos numa crise de ansiedade ou pânico.

Entenda que uma crise de ansiedade generalizada ou de pânico não aparece do nada. O que acontece é que a pessoa vai somando dentro de si tantos pensamentos de preocupação e catástrofes, tantas cobranças, que um último pensamento pode desencadear a crise. Vamos imaginar que dentro do nosso peito existe um copinho e a cada atitude que temos colocamos dentro desse copinho gotas de um padrão energético; a cada atitude de preocupação que temos, colocamos uma gotinha de medo; a cada atitude de autocobrança, acrescentamos uma gotinha de contrariedade; a cada atitude de autonegação, colocamos uma gotinha de frustração... De gota em gota, pode acontecer que uma última atitude ou pensamento acrescente a gota que transbordará o nosso copinho, e nesse momento teremos uma crise. Deu para entender por que as crises não aparecem do nada? E que nós somos muito responsáveis pelas nossas crises, por conta das nossas atitudes? Por isso é que precisamos compreender todo esse processo, bem como nos responsabilizar e modificar nossas atitudes no dia-a-dia.

Dica importante diante de idéias de medos: respire fundo, sinta e diga para si mesmo: *Neste momento, nada está acontecendo. Está tudo bem. Estou bem aqui-e-agora!*

Manias, TOC (Transtorno Obsessivo-Compulsivo)

Nenhuma mania se instala se não houver um quadro de medo ameaçador como pano de fundo emocional, o que, por si só, desencadeia uma grande ansiedade. Por conta dessa ansiedade, a pessoa associa uma certa atitude ou ação para apaziguar a ansiedade, e é nesse momento que surge o padrão das manias.

Certas situações, em geral na infância, causam grandes medos, como por exemplo lares conturbados, com muitas discussões e brigas. A criança vê, ouve e sente um perigo real num pai alcoólatra, por exemplo, que sob o efeito do álcool ou das drogas chega a ameaçar a família. Numa situação como essa, a criança se sente ameaçada em sua integridade, ou sente a mãe ser ameaçada, o que indiretamente a coloca em risco. Mesmo que não haja uma ameaça explícita, há brigas e discussões, com muito barulho e tumultos, e o medo e a ansiedade aumentam. Eventuais situações traumáticas também podem gerar, em nível subliminar, pânico e muita ansiedade. O nosso sistema de auto-regulação orgânica acaba arranjando uma válvula de escape que, por associação, se transforma em manias ou em comportamentos repetitivos que servem para apaziguar a ansiedade. Assim, conforme o nível de ansiedade aumenta, o organismo cria a necessidade de fazer algum tipo de movimento para dar à ansiedade uma válvula de escape. Nesses momentos de ameaça podem ser associadas coisas que aparentemente são ridículas ou sem sentido, como, por exemplo, balançar a perna, bater com o pé no chão, bater a mão na parede x vezes ou fazer um movimento de balanço, dar um tapinha no joelho, bater na cabeça com o nó dos dedos... Não interessa a ação ou a atitude, internamente ela serve para diminuir a ansiedade. Eventualmente, essa válvula de escape pode desencadear algo físico, como urinar a cada quinze minutos ou mesmo defecar — é claro que não há conteúdo intestinal para ir ao banheiro tantas vezes, porém, a cólica intestinal faz a pessoa achar que precisa, e o próprio movimento significa "soltar", "jogar" fora algo que está incomodando.

A criança cresce, só que como o processo já está instalado em seu subconsciente, cada vez que ela se sentir ansiosa pelos mais diferentes motivos, lá estará a válvula de escape e a mania se repetirá. Quem nunca sentiu, em momentos de ansiedade, uma necessidade de urinar a toda hora, ou mesmo de tomar água, fumar, beliscar guloseimas etc.? E aquele pai que só falta abrir uma valeta no chão de tanto andar de um lado para outro enquanto espera sua mulher dar à luz? Esses são alguns exemplos de válvulas de escape da ansiedade.

E as manias duram até que a pessoa tome consciência disso. É muito interessante como podemos, durante a psicoterapia, colocar a pessoa em contato com um determinado movimento do seu corpo para que ela perceba inclusive certos tipos de pensamentos automáticos que também são manias. Não é à toa que o indivíduo acabe desenvolvendo comportamentos de cobrança ou autocrítica, conforme já foi dito, pois eles sempre significarão um mecanismo de defesa para algum tipo de medo ou ameaça existencial, que por si só desencadeia o processo de ansiedade.

Uma coisa importante nesse quadro é tomar consciência do que se faz e do que se pensa. Tentar descobrir a raiz disso também é muito importante, se bem que sozinha a pessoa terá maior dificuldade — o ideal é identificar isso durante a terapia.

Outro ponto importante é, depois de tomar consciência do problema, propor-se não fazer o movimento. Por quê? Porque é importante perceber que não vai acontecer nada; o fato de não pôr em prática a mania não vai desencadear nenhuma catástrofe. A mania ou o movimento repetitivo serve apenas para apaziguar a ansiedade, funciona como substituto de algo.

Exemplo: dentro da pessoa existe a associação de que, se acionar o interruptor de luz cinco vezes, ela evitará que "algo" terrível aconteça. Ela nem sabe conscientemente o que é esse "algo" terrível, mas o comportamento ficou automatizado, por conta dos seus medos inconscientes. De qualquer forma, é importante não executar esse comportamento automatizado, justamente para fortalecer o indivíduo e desfazer a crença instalada.

Não é uma tarefa fácil, mas é possível, da mesma forma que vimos como é possível lidar com o medo de dirigir. Em cada momento de ansiedade, a pessoa precisa estar centrada no aqui-e-agora, e querer conscientemente correr o risco de provar para si mesma que está tudo bem, que nada de terrível acontecerá. A mesma seqüência de níveis de ansiedade utilizada para os medos pode ser usada nos casos de manias e TOC: inicialmente, a pessoa poderá imaginar-se confrontando a não-execução da mania, então respirar até acalmar a ansiedade, repetir o processo em pensamento tantas vezes quantas forem necessárias, até confrontar a situação em si, ou seja, até que não aja como de hábito.

Nos quadros de TOC, que são manias mais severas que colocam a qualidade de vida da pessoa em jogo, na maioria das vezes será necessário que ela tome antiansiolíticos e outros medicamentos que o psiquiatra deverá receitar. Há um filme que mostra bem esse quadro, *Melhor é impossível*, com o ator norte-americano Jack Nicholson. Nesse filme, o personagem de Nicholson tinha a necessidade de lavar as mãos constantemente, de não tocar em nada como se tivesse nojo ou pudesse ser contaminado, e também não podia pisar em riscas no chão. É engraçado ver como ele usava um sabonete a cada vez que lavava as mãos e como a água tinha de estar quase fervendo. No fim do filme, parece que o personagem consegue se livrar das manias, porém, na vida real, as coisas não são tão simples assim: é necessário um acompanhamento medicamentoso e psicoterápico para trabalhar as causas emocionais que o remédio sozinho não terá condições de trabalhar.

As ações num quadro de TOC podem ser muito severas, tanto que uma pessoa pode, por exemplo, machucar a pele das mãos de tanto lavá-las; outras acham que não podem tocar em nada se não desinfetar antes. Conheci uma moça que tinha essa mania, e quando ela teve um bebê, não conseguia cuidar dele, porque perdia um tempo considerável lavando as mãos e desinfetando tudo o que tocava, com medo de contaminar o bebê.

Enfim, é muito importante desenvolver o treino de centralidade, que são as dicas antiansiedade para controlar e ajudar a eliminar as manias e comportamentos repetitivos.

Como foi dito acima, nem sempre há movimentos ou manias expressas por uma ação: elas também podem se dar via pensamentos automáticos e repetitivos.

Questionando os pensamentos automáticos

Os pensamentos automáticos costumam estar por trás de todo mal-estar, tristeza, angústia ou depressão, pois esses sintomas são meros resultados, avisando que a sua postura ou linha de pensamento não está correta para você. Lembre-se sempre de que o que você sente está relacionado com a linha de pensamentos que está tendo e mantendo. Os pensamentos automáticos estão normalmente relacionados às conclusões fatais a que se chega principalmente na infância, em interpretações primárias do que se ouve, vê e sente. Exemplo: uma criança cresce ouvindo comentários do pai do tipo: *Você é terrível, errado; nunca vai dar certo na vida; você é uma aberração*. É claro que, ao ouvir coisas desse tipo, a criança não entende que os comentários tinham a ver com um comportamento específico seu; ela entendeu que é, como pessoa, uma coisa ruim, sem valor. Com o tempo, essa conclusão fatal transforma-se em pano de fundo dos fatos de sua vida. A cada situação ou coisa que não dá certo, o pensamento automático de fundo é: *Eu sou ruim, uma aberração; nunca vou dar certo na vida*. E quando ela tem esse pensamento automático e o fica cultivando sem perceber, gerará dentro de si, como resultado desses pensamentos, sentimentos de tristeza e depressão. E esses sentimentos comunicarão simplesmente quanto ela está contra si mesma e se depreciando.

Para tirar a força dessas conclusões fatais e refazer o autoconceito, é importantíssimo questionar tais pensamentos, uma vez que, com certeza, você verá que eles não são válidos e que suas conclusões são totalmente errôneas. Assim, diante de pensamentos automáticos, em geral catastróficos e depreciativos, questione-se:

1. Quais são as evidências que apóiam essa idéia?
2. Quais são as evidências contra essa idéia?
3. Existe uma explicação alternativa?
4. Qual é a pior coisa que poderia acontecer? Eu poderia superar isso?
5. Qual é a melhor coisa que poderia acontecer?
6. Qual é a possibilidade mais realista?
7. Qual o efeito das minhas crenças/conclusões fatais nos pensamentos automáticos? Normalmente as conclusões fatais estão relacionadas ao âmago emocional que dá suporte à idéia, como por exemplo, *sou um incompetente*, quando a situação apresenta apenas limites reais. Qual poderia ser o efeito em mudar meu pensamento?
8. O que eu poderei fazer em relação a isso?
9. O que eu diria a um(a) amigo(a) se ele(a) estivesse na mesma situação?
10. Esse pensamento me ajuda neste instante?
11. Faz sentido ou está exagerado?
12. Ele sempre aparece de forma similar ou em outras ocasiões?
13. Qual a crença básica que dá suporte a ele?

Questionamento básico: Quais são as evidências e as possibilidades de que jamais conseguirei o que quero?

Resolução: O que eu poderia fazer? O que eu gostaria de fazer? (Criar alternativas, concentrar-me nas possibilidades, no que é realmente possível fazer, não nos limites ou nos obstáculos.)

Sempre *questionar a validade da conclusão fatal.*

Exemplo de conclusão fatal: sou incompetente.

Reflexão: *Se não consigo fazer algo que é impossível, então não se trata de incompetência, mas de limite*, logo, a conclusão não é válida.

Questionar sempre as cobranças absurdas por trás de tudo e o que elas tentam preservar.

Valorizar e focar as tentativas, não o resultado final; valorizar a ação no aqui-e-agora, não somente o fato concretizado futuramente.

LEMBRE-SE: o que você sente está relacionado com a linha de pensamentos e atitudes que tem, bem como com as conclusões fatais a que chega e dá importância subliminar. E, por sua vez, os pensamentos têm a ver com seu âmago emocional — interpretação primária ou decreto de sobrevivência que você fez a partir dos fatos que vivenciou na infância.

Testando a ansiedade

Todos nós somos ansiosos. O que acontece é que, na maioria das vezes, consegue-se manter tudo sob um certo controle até que haja a manifestação de sintomas psicossomáticos, como falta de ar, ou mesmo um estado de agitação e cansaço, que fogem ao estado "normal" de cada um. Porém, não custa responder ao teste abaixo, até para você perceber se já não está desenvolvendo um quadro de ansiedade generalizada.

Teste sua ansiedade: responda verdadeiro ou falso.

1. Nos últimos seis meses, você tem experimentado preocupações e ansiedades excessivas em suas diversas atividades?
2. Você está tendo dificuldade para controlar essas preocupações?
3. As preocupações são acompanhadas de três ou mais dos seguintes sintomas:

Inquietação ou sensação de estar com os nervos à flor da pele?
Cansaço ou fadiga?
Dificuldade para se concentrar; sensações de "branco"?
Irritabilidade maior que o habitual?
Tensão muscular nos ombros, costas, braços etc.?
Dificuldades para dormir (dificuldade em manter o sono, sono agitado ou insatisfatório, insônia?

4. A preocupação, a ansiedade ou os sintomas físicos estão causando sofrimento ou prejuízos à sua vida pessoal, social ou profissional?

Se você respondeu verdadeiro a essas afirmações, convém procurar ajuda, pois esses sintomas definem o diagnóstico de Transtorno de Ansiedade Generalizada. Então procure ajuda para compreender o que está acontecendo, o que está causando tudo isso. Na maioria dos casos, é possível trabalhar esses sintomas por meio da psicoterapia, da hipnose e da aprendizagem de técnicas de relaxamento e respiração, como será visto mais à frente.

Às vezes, algumas pessoas me dizem: *Sempre fui assim. Por que agora me sinto mal?* Diante de tais colocações, sempre explico: existe um sistema evolutivo dentro do nosso organismo que acabará nos cobrando que nos tornemos conscientes do que fazemos, e que eventualmente o que fazemos e como aprendemos a proceder não é mais o nosso melhor. A natureza em nós nos cobra evoluir, porque é para isso que encarnamos, é para isso que estamos num corpo físico: justamente para compreender e aprimorar nossas crenças e sistema emocional. Nosso sistema imunológico ou de auto-regulação organísmica mostra quando nossos atos não são mais "o melhor" da nossa consciência. Sempre digo que as leis que valem para o físico, denso e material, também valem para o emocional, assim, reflita comigo: quando começamos a crescer, é normal que ninguém mais nos dê comida na boca, nos dê banho ou pegue em nossa mão para atravessar a rua. Imagine se isso seria cabível hoje! E é assim que funciona porque já aprendemos e começamos a ser responsáveis por nós mesmos. E é exatamente esse mesmo crescimento que a vida cobra de nós quando chega o momento de assumirmos responsabilidade integral pela nossa vida. Como já foi dito, a natureza protege a ignorância, mas não protege a consciência, momento em que estamos prontos para crescer e evoluir, para aprender novos e melhores caminhos que atendam à solicitação de nossa verdadeira natureza. E é exatamente nesse momento que os sintomas e doenças aparecem como forma de nos chamar a atenção, justamente para que possamos crescer, evoluir e ser a verdadeira expressão de nossa natureza única. E uma atitude verdadeiramente responsável implica olhar, compreender e mudar, para que possamos atingir um grau de maturidade e integridade emocional e espiritual.

Logo, em vez de ficar reclamando ou somente se queixando, aja de forma eficaz e comece por aceitar e respeitar o que sente, porque tudo isso é resultado de formas de pensar e agir que você aprendeu, mas que não são o seu melhor, o seu jeito verdadeiro de ser. E depois de aceitar e respeitar o que sente, procure mudar suas atitudes, a fim de atrair o bem para a sua vida.

Elucidando a ansiedade por meio de alguns casos

Os casos abaixo elucidam problemas emocionais cuja principal queixa é a ansiedade. Cada uma dessas clientes chegou ao consultório queixando-se de ansiedade, medo, angústia e uma extrema insatisfação com tudo. E a queixa sempre foi resultado de uma série de atitudes e crenças errôneas, e o caminho para a resolução e cura se deu quando perceberam a necessidade de se apoiar a partir da compreensão de si mesmas. A ansiedade negativa foi compreendida como um resultado das crenças emocionais básicas.

Paciente T.

T. teve uma formação bastante rígida, como em toda educação oriental. Principalmente por ser mulher, recebeu idéias e imposições quanto a ser perfeita, tendo de estar sempre à disposição, quase de uma forma servil, primeiro atendendo o pai, depois os irmãos, e mais tarde o marido, além de assumir a responsabilidade de ter de cuidar dos irmãos pouco menores que ela. Esteve às voltas também com doenças graves de uma irmã menor, que acabou falecendo, fato que a fez se sentir culpada, como se não tivesse cuidado direito da irmã. Por volta dos 9 anos de idade foi vítima de abuso sexual e nunca pôde falar sobre isso com a mãe, por medo de que ela interpretasse que era a responsável pelo acontecido. Cresceu com muitas idéias de medos de todos os tipos, relacionados principalmente a morte e doenças graves, medo de críticas, com um conseqüente quadro de culpa e extrema responsabilidade, pois tudo que fazia era julgado de forma rígida e severa, bem como com uma sensação de vulnerabilidade, uma vez que se sentia impotente diante de tantas exigências. Depois de alguns anos de casada, sua filha, ainda pequena, faleceu. A família culpou-a pela morte da criança, por não seguir os padrões religiosos rígidos da família. Assim, T. começou a desenvolver um quadro de síndrome de pânico e ansiedade generalizada toda vez que ficava sozinha, quando se via na companhia de outros homens, mesmo que fossem parentes, e também quando tinha de sair sozinha. Fez psicanálise por três anos, mas mesmo assim não houve mudança em seu quadro.

Quando chegou ao meu consultório, estava um verdadeiro caco. T. teve de entrar em contato com seus medos, embora os sentisse de forma muito difusa. Em contato com suas sensações e num trabalho de regressão à fonte desses medos, recordou-se de muitos fatos que havia esquecido. Foi elaborando, compreendendo principalmente quanto sua natureza não era nada daquilo que havia entendido que "devia" ser. O medo básico era de represálias e abandono, caso não atendesse às expectativas perfeccionistas da família. Entendeu suas necessidades emocionais, começou a mudar algumas posturas, passando a respeitar-se, a considerar-se e a colocar limites. Começou a aprender a dizer não. A presença dos homens a incomodava e pôde entender isso quando percebeu quanto a educação que recebera sempre enfatizara a idéia de que o homem era mais importante que a mulher, e que a ele cabia mais facilidades e créditos. No fundo, negava sua natureza feminina achando-se inferior, e a presença dos homens a lembrava dessa inferioridade e submissão. Quando tudo isso ficou entendido, e com a mudança de atitudes, tornou-se uma pessoa bem mais espontânea, segura de si e firme em suas decisões e ações.

Paciente FL.

Também oriental, FL. procurou a terapia muito relutantemente, pois achava que buscar ajuda era "coisa de gente fraca". Com uma educação parecida com a de T., FL. recebeu todo tipo de exigência, crítica e imposições de perfeição. Só que, ao contrário de T., desenvolveu um temperamento bastante arredio e rebelde, sempre se impondo às regras da família. Na realidade, essa rebeldia era bem defensiva, porque em seu âmago não sentia o que tentava transmitir. Era considerada a ovelha negra da família. Sempre tentou passar a imagem de forte, fazendo o que queria, sendo bem-sucedida financeiramente, só que por ser muito ansiosa, acabou se viciando em jogos de bingo. Todo esse comportamento não a fazia feliz, porque no fundo se sentia uma ET, com muitos medos subliminares de rejeição e abandono. Queria saber por que não se sentia feliz. E o vício compulsivo a fez procurar a terapia.

Em contato com suas sensações de medo e num processo de regressão espontânea, recordou-se de ter sido totalmente rejeitada pela mãe; sentiu a mãe querendo abortar, e lembrou-se de comportamentos bastante hostis da mãe em relação a ela, inclusive não a querendo amamentar, sentindo muita raiva e irritação em relação àquele bebê. A rejeição por parte da mãe é o pano emocional de FL., fato que sempre a fez se sentir uma coisinha muito ruim e sem nenhum valor; apesar de sua personalidade rebelde e forte, e apesar de ser uma profissional eficiente, a única forma de se dar algum prazer, e com isso olhar a criança carente dentro dela e se dar atenção, era, por incrível que pareça, o vício, pois ganhar significava uma forma de se dar um presente, ou seja, ter sua própria atenção e consideração, porém, aliadas a uma punição, que eram as perdas financeiras que ocorriam com esses ganhos. O vício de jogar soava com uma espécie de compensação para todas as autocobranças que se impunha. Tinha de ser "a" empresária, tinha de dar conta de tudo, nada podia passar despercebido, tinha sempre de ser bem-sucedida, senão se criticava muito e literalmente se "socava", batendo em si mesma como uma espécie de repreensão. Apesar de não ter gostado das hostilidades e surras que recebia da mãe, introjetou que esse comportamento, apesar de tudo, era o correto. A crença interna era que no fundo parecia que merecia apanhar, por não ser o que a mãe queria que fosse. Absorveu a idéia de que era realmente uma "coisa ruim". Sofreu abusos sexuais na infância, o que piorou sua auto-estima. Realmente, sua sensação interna era de uma completa desvalia.

Foi interessante notar que, quando contatou a criança extremamente carente que existia dentro de si, percebeu que era necessário se observar melhor e reverter a postura que tinha em relação a si mesma. Foi, sem dúvida, um processo muito sofrido: perceber a rejeição da mãe, entrar em contato com a criança interior totalmente desvalorizada, vulnerável e infeliz. Porém, tudo isso foi necessário para compreender sua história, suas crenças, para então, a partir do processo de consciência, mudar as atitudes que tinha em relação a si mesma, deixando as críticas e cobranças de lado, e tendo uma maior tolerância perante seus esforços reais. Foi muito bonito seu encontro com sua criança interna. Essa cliente tem uma sensibilidade bastante especial, e conseguiu estabelecer um contato tão real que pôde ouvir a criança "falar" de suas necessidades, de suas tristezas, de como não conseguia compreender os comportamentos de sua mãe.

Enfim, FL. encontrou-se com a parte sofrida e desvalorizada de si mesma e começou a inverter o processo, passando a se dar o que sempre lhe faltou na infância: amor, consideração, atenção e carinho. FL. pôde afinal compreender que o que a mãe fez foi realmente o melhor que podia, e essa compreensão foi importante para conseguir perdoá-la e se perdoar, e principalmente desvincular a crença de que seu valor pessoal estava relacionado às atitudes da mãe. O vício diminuiu para um ponto de prazer apenas, não mais de compensação ou punição, e sua sensação consigo mesma é de bem-estar, harmonia e alegria. Um aspecto interessante é sua habilidade extraordinária para a pintura. Lembra-se de ter pintado algumas coisas na infância, por volta dos 10 ou 12 anos, e que nunca mais quis pintar. Com a psicoterapia, a partir do reencontro com sua criança interior, FL. retomou essa atividade e se sente muito feliz e realizada, sentindo que essa habilidade é, sem dúvida, resgate de uma outra vida, na qual se vê como um homem em um ateliê, rodeado de obras de arte.

Paciente S.

S. nasceu em uma família bem pobre, com todos os tipos de dificuldades. Além disso, sua mãe era submissa, com crenças de que a mulher deve se submeter ao homem como forma de respeito; seu pai era bastante imaturo e egocêntrico, querendo mostrar ser o que não era, fazendo um tipo social para agradar aos outros, embora fosse tacanho e ausente dentro de casa. Moravam na casa da avó e S. nunca se sentiu dona de seu espaço; pelo contrário, todo mundo entrava a toda hora, logo, tinha sensações de invasão constante. Como sentia o restante da família superior a ela, também sentia medo deles, do seu julgamento, como se nunca pudesse prosperar se os outros membros da família não permitissem.

Sentia medo da inveja deles, por conta de observações sarcásticas em momentos em que o aspecto financeiro estava um pouco melhor. Enfim, mudaram-se para uma casa longe da família, cresceram, e S. arranjou um bom emprego e prosperou. Apesar desses progressos, S. desenvolveu um quadro de depressão cujo desencadeador foi uma doença grave que o pai sofreu. Procurou terapia queixando-se de depressão e medo de tudo, principalmente do futuro. Fomos olhando sua vida, suas crenças. S. tinha crenças muito pesadas, do tipo: *Tudo depende de mim; tenho que controlar tudo; sou responsável pela saúde de meus pais; sou responsável pelo sucesso da empresa onde trabalho; sou responsável por evitar que as pessoas sofram o que eu sofri.*

Se, por um lado, confiava em sua capacidade, por outro, o tempo todo se sentia amedrontada e ansiosa pela possibilidade de a empresa falir, como se ela sozinha pudesse controlar tudo e todos na empresa.

A terapia lhe proporcionou a explicação para seus sintomas: sua natureza estava saturada de tantas cobranças auto-impostas, justamente por achar que tinha realmente o potencial para realizar todas essas imposições, pressões e idéias de controle que se impunha. Seu medo do futuro estava muito relacionado à instabilidade financeira em sua vida, por conta de um pai que na maior parte do tempo estava desempregado. É como se tivesse introjetado a idéia: *Com um pai assim, o que será de mim?*, ou seja, um medo muito grande de abandono e desamparo. Porém, projetava o medo do futuro por causa de seu momento presente, bastante ruim, em função de todas as suas ansiedades, falta de prazer e insatisfações. Sim, porque a última coisa que parava para prestar atenção era na sua vontade; as obrigações e cobranças vinham rigorosamente em primeiro lugar; e a pressa que se impunha era sobrenatural: tudo tinha de ser feito em tempo recorde, sem erros, sem problemas, sem atrasos.

S. trazia dentro de si cobranças como "ter de modificar e controlar coisas" que não dependiam dela; seu lado cobrador partia do princípio que ela tinha esse poder, não respeitando, portanto, o limite como limite (realidade), mas como falha. A falha conduzindo à idéia de incapacidade ou incompetência, logo, desencadeando o âmago emocional do desamparo. Enfim, ela se colocava sob uma pressão tão grande que mal conseguia respirar. Dores de cabeça, falta de ar, dores de estômago, intestino preso, acne, menstruação dolorosa e TPM eram sintomas constantes. Imagine a ansiedade subliminar com toda essa pressão que se impunha! S. está em terapia há um ano e meio e já conseguiu eliminar praticamente todos os seus sintomas, bem como entender, questionar e confrontar as cobranças absurdas, aumentar sua auto-estima e autoconfiança, e controlar a ansiedade — colocar-se, enfim, como prioridade em sua vida. Essa paciente conseguiu compreender seu âmago emocional, relacionado ao seu grande medo subliminar que colocava em risco sua própria sobrevivência caso não fosse uma pessoa perfeita, que conseguisse controlar tudo e que sempre pudesse se superar. Pesado esse quadro, não? Porém, o mais gratificante é ter conseguido modificar suas posturas, criando em si mesma sensações de bem-estar, centralidade e equilíbrio.

Paciente M.

Essa paciente, aos 3 anos de idade, presenciou o fato de a mãe, que já era epilética, ficar muda por conta de um derrame cerebral. Para ela, isso significou a perda da mãe naquele momento, e sua sensação foi de total abandono. As tias, que passaram a cuidar dela, eram muito cobradoras, rígidas e perfeccionistas, e transmitiram-lhe a sensação de que nunca poderia errar. Conseqüentemente, desenvolveu um quadro de perfeccionismo, principalmente no que se referia ao pai, achando que tinha de agradá-lo a todo custo, pois acreditava que ele era o único que a aceitava incondicionalmente, além, é claro, do medo enorme que tinha de perdê-lo também.

Sempre conviveu com comportamentos e manias, como levantar dez vezes da cama para checar coisas como a bateria do celular, gás, porta etc. Esses comportamentos foram desenvolvidos para aplacar a incrível ansiedade subliminar diante do seu extremo medo de errar, pois fazer algo errado e indiretamente atentar contra a vida, integridade e bem-estar do pai, a quem se dedicava totalmente, significava sua própria destruição. A ligação e dependência emocional do pai eram extremamente fortes.

M. desenvolveu também um grande medo de relacionar-se e aproximar-se de homens. Esse medo tinha uma finalidade: não perder o pai, pois inconscientemente ela acreditava que se dedicar a um outro homem poderia desagradá-lo, e ele, de acordo com a sua fantasia, se magoaria com ela e a "abandonaria". Por incrível que pareça, com toda essa neurose, ela tentava preservar sua dependência emocional, salvaguardando-se do medo do abandono.

Lamentável é que essa cliente não continuou a terapia. Creio que ainda não estava pronta para remexer em suas crenças: apesar de já estar um pouco consciente de suas defesas, ainda não tinha coragem de empreender as mudanças necessárias.

Pois é, às vezes acontece isso mesmo: a pessoa procura a terapia e, é claro, quer se ajudar, mas ainda não está madura e pronta para mudar, para se responsabilizar por si mesma e se assumir, trabalhando a dependência emocional e o crescimento pessoal. Esse tema, "dependência emocional", foi amplamente abordado no livro *A essência do encontro*.

Neste caso, o trabalho com a paciente M. seria fazê-la contatar seus medos e necessidades emocionais quando era bem pequena e perdeu a mãe. A partir desse entendimento, fazê-la tomar consciência de seus limites reais e trabalhar sua autoconfiança e segurança, ajudando-a a perceber todo seu potencial, que nunca foi usado em prol de si mesma.

Um aspecto que me satisfaz muito é quando as pessoas percebem o grande potencial e talento que possuem e que são usados somente em relação a situações e pessoas fora de seu próprio contexto, nunca em relação a elas mesmas. É gratificante ajudar as pessoas a perceber quanto a natureza existe e tem se manifestado nelas, só que em um nível mais denso e material, bem como fazê-las tomar consciência de que se os potenciais existem nesse nível mais material — eles existem simplesmente e podem ser redirecionados para o campo mais sutil ou emocional, apoiando as mudanças de atitude e a integração do eu verdadeiro.

Paciente E.

E. nasceu numa família bastante simples e tinha um comportamento sonhador, isolado. Por conta disso foi muito criticada pela família, em cujo meio era considerada uma ET, alguém não adequado e fora do contexto, portanto, ruim. Foi exatamente essa a idéia que E. introjetou sobre si mesma: uma coisa ruim e fora do contexto.

Apesar de hoje ser uma pessoa bem-sucedida e que conquistou um bom lugar em termos profissionais, ainda não se sente nem um pouco satisfeita consigo mesma, porque não tem um companheiro, e durante sua vida também não teve nenhum relacionamento significativo. Sempre atraiu homens que a desvalorizaram e, por várias vezes, se apaixonou, tendo antecipadamente a certeza de ser uma meta impossível. Esse comportamento na área afetiva só demonstra a baixa auto-estima que possui. Apesar dos recentes sucessos profissionais, não os valoriza, sente-os como falta de opção em vez de reconhecimento pelo seu trabalho; procura progredir, porém cria fantasias de como teria sido no último emprego se a sua superior imediata a tivesse promovido etc. Ou seja, nunca está feliz com suas realizações; gasta uma energia imensa com idéias de como as coisas deveriam ter sido; apresenta para si mesma um *script* perfeito de como as coisas deveriam ser. Logo, com esse *script* perfeito, é claro que, por melhores que sejam as suas realizações, sempre estarão aquém de onde acha que deveria estar.

Sua ansiedade é evidente: a busca da perfeição em seus ideais, porque só atingindo essa perfeição é que se sentirá boa o suficiente. A ansiedade e a cobrança subliminares têm o objetivo de lembrá-la de que não é perfeita, por isso se sente insegura e se cobra ser o seu ideal de perfeição, pois um dia acreditou que não era boa o suficiente — essa é a conclusão fatal a que se chega por conta dos acontecimentos da primeira infância. Seu lado cobrador diz que ela "tem de saber" o que é adequado. Logo, tem de ser adequada, estar dentro dos padrões para não se sentir diferente, um erro, anormal, pois tais constatações levariam a sensações de desamparo e solidão. M. "tem de atender" às expectativas dos outros e às suas de "ter de saber", adivinhar o que é adequado para não errar. Não foi treinada para ter pontos de referência internos (sentir) — o ponto de referência sempre foi externo. Assim, quando não tem o ponto de referência interno nem o externo, acaba desencadeando o vazio entre os dois, e conseqüentemente seu processo de ansiedade, com conseqüentes mal-estar e angústia. Com isso, o que menos faz é sentir-se, ouvir sua verdadeira vontade, e o tempo todo se abandona atrás de coisas como aparência e bens materiais, para mostrar sua superioridade e seu valor, esquecendo sua natureza, que ao longo do tempo achou simples demais, ruim demais, e por conta disso sempre procurou fugir de si mesma.

O caminho para E. é valorizar-se, ouvir-se e respeitar-se, sem críticas ou cobranças. Reconhecer o que tem de bom, o que conquistou, estar consigo mesma sem a cobrança subliminar de "ter de adequar-se ao tradicional", sem "ter de provar que tem valor por meio da obtenção de bens materiais". Essa paciente tem potencial para se bancar emocionalmente, mas não os leva em consideração, desvalorizando suas conquistas porque ainda não se casou nem namora "dentro do esquema tradicional". O fato é que sua realização afetiva só acontecerá quando passar a se valorizar pelo que é, não pelo que tem. Quando tirar a capa que vestiu para adequar-se à sociedade e passar a ser o que é, ouvindo suas verdadeiras vontades e aspirações, com certeza atrairá alguém que a valorizará da mesma forma. E. está em terapia e já modificou bastante sua visão sobre si mesma: está começando a se ouvir e a valorizar-se, tendo baixado bastante seu padrão de cobranças e a conseqüente ansiedade.

Comentários

É impressionante como essa cobrança de termos de nos enquadrar no que a sociedade tradicional pede, legado que recebemos via educação e por influência da maioria das religiões, gera uma ansiedade fenomenal. E, como se pode perceber, a ansiedade é um mecanismo que é acionado, em nível subliminar, toda vez que a pessoa sente algum medo ou desconforto que a remete a crenças introjetadas que ela interpretou como mecanismo de sobrevivência.

Conclui-se, então, que a ansiedade vem salvaguardar a vida, não é mesmo?

Assim, pode-se perceber também que, nos casos mencionados anteriormente, a ansiedade subliminar encobria o medo do abandono, da crítica, o medo de sucumbir. E o mais interessante é que todas as pacientes perceberam uma coisa fantástica: quando eram crianças bem pequenas, vivenciaram tudo isso, toda essa hostilidade, toda a insegurança de terem pais imaturos ou neuróticos, e sobreviveram, certo?

E é isto que precisamos compreender claramente:

- Sofremos o que sofremos, vivenciamos situações críticas, sentimos medo de sermos abandonados e de morrermos, mas veja bem: NUNCA MORREMOS DE FATO! Estamos aqui, bem vivos, e isso merece um crédito: o de percebermos quanto nossa natureza é forte, não frágil como na maior parte do tempo pensamos que fosse.
- Por isso a ansiedade é existencial, defensiva de âmagos profundos de medos , dos quais precisamos tomar consciência para nos livrar dessa defesa ansiosa e podermos viver de forma livre e natural — e sermos o que somos, em essência!

Temos de estar no aqui-e-agora, cônscios de que temos uma missão evolutiva: a de nos conhecer verdadeiramente, sendo o que somos por natureza, e assim também podermos confiar na vida, em Deus ou no Universo, que sempre nos ampara e apóia, e nos cobra também, nos cobra que sejamos a verdadeira expressão do que somos em essência. Precisamos respirar, isso é vida, e sermos livres, inteiros e íntegros.

Doenças psicossomáticas: Sobre a dor, doenças e sintomas

"Se você quer ver como foram seus pensamentos ontem, olhe seu corpo hoje. Se você quer ver como seu corpo será amanhã, olhe seus pensamentos hoje."

Poema

Muitas doenças que as pessoas têm
São poemas presos.
Abscessos, tumores, nódulos.
Pedras são palavras calcificadas,
Poemas sem vazão.
Mesmo cravos, espinhas, pêlo encravado,
Prisão de ventre poderiam, um dia,
Ter sido poema.
Pessoas às vezes adoecem por manter a palavra presa.
Palavra boa é palavra líquida,
Escorrendo em estado de lágrima.
Lágrima é dor derretida,
Raiva endurecida é tumor,
Lágrima é pessoa derretida,
Pessoa endurecida é tumor,
Tempo endurecido é tumor,
Tempo derretido é poema.
Palavra suor é melhor do que palavra cravo,

Que é melhor do que palavra ferida,
Que é melhor do que palavra nódulo,
Quem nem chega perto da palavra tumores internos.
Palavra lágrima é melhor.
Palavra melhor ainda é poema!

Viviane Mosé

De acordo com os conceitos metafísicos, é a doença que torna os homens passíveis de cura. A doença é o ponto de mutação em que um mal se deixa transformar em bem. O mal aqui significa as nossas crenças errôneas e os nossos comportamentos inadequados, e a doença aparece justamente para nos chamar a atenção para isso. A fim de que essa percepção e mudança possam ocorrer, temos de parar de interpretar as doenças como casuais ou punitivas, e de só nos preocuparmos em eliminar as dores e os sintomas; em vez de resistir, devemos ouvir e sentir o que a doença tem a nos dizer. Ela nos transmite a mensagem de que *há uma coisa aqui que você deve prestar atenção.* Como pacientes, temos de nos ouvir e estabelecer um contato com nossos sintomas, para podermos captar sua mensagem.

Uma coisa interessante a fazer é ouvir o que os nossos sintomas nos dizem. Uma outra é investigar quais pensamentos, assuntos e divagações ocupavam nossa mente quando o sintoma ou a doença apareceu, bem como as mudanças pelas quais passamos algum tempo antes de o sintoma aparecer, lembrando que estamos dentro de um corpo físico e é necessário um tempo para que ocorra a somatização no físico. No campo emocional, a reação é muito mais rápida, nós é que não damos a devida atenção ao que sentimos, e é justamente por conta dessa desatenção que ocorre a somatização.

Qual era nosso estado de ânimo quando o sintoma apareceu?

Por acaso recebemos alguma notícia ou houve alguma mudança em nossa vida?

São as pequenas coisas do dia-a-dia que muitas vezes servem de válvula de escape para as áreas problemáticas que reprimimos. Alguns exemplos são resfriados, náuseas, acidez estomacal, dores de cabeça e ferimentos que tendem a acontecer em determinadas ocasiões e aí vale a pena nos perguntarmos exatamente o que andamos fazendo, pensando ou imaginando nos momentos em que esses sintomas ocorreram.

É importante entender que tudo em que acreditamos, tudo a que damos bastante importância, tudo o que pensamos com um certo grau de intensidade é somatizado em nosso corpo físico. Tudo o que sentimos está relacionado ao que pensamos e à nossa postura mental. Para procurar a causa precisamos não só analisar os sintomas, mas também nossas atitudes.

Gostaria de comentar a título de exemplificação o caso de uma pessoa que desenvolveu uma crise parecida com epilepsia, e todas as vezes que ficava muito ansiosa desencadeava essa crise. Em estado de hipnose, descobrimos que a primeira crise surgiu na infância, quando ficou sozinha por conta de um acidente com o pai. Toda a família se ausentou e ela se viu "abandonada". Teve, então, uma crise, e desde então associou, inconscientemente, as situações difíceis ou ansiosas da vida ao medo do abandono, portanto, nessas ocasiões, desencadeava-se a crise. É interessante notar que quando reconheceu a causa inicial e compreendeu que não houve um abandono de fato, as crises desapareceram. Assim, vemos que para entender e vencer nossos sintomas, é necessário que façamos um trabalho emocional.

É importante entender que temos um corpo quântico/energético igual ao nosso corpo físico. Definição: "A física quântica diz respeito a um sistema físico cujas grandezas físicas observáveis assumem valores discretos, de tal modo que a passagem de um determinado valor para outro ocorre de maneira descontínua, segundo as leis da mecânica quântica. Quântico: relativo à hipótese dos quanta — quantidades elementares nas quais, segundo a teoria do físico alemão Planck (1908-1947), devem considerar-se divididas certas grandezas tradicionalmente dadas como contínuas, tais como a luz e o tempo" (*Fonte:* Dicionários da Língua Portuguesa Michaelis e Houaiss).

A idéia de quântico se refere a uma análise de aspectos energéticos mais sutis, que levam à conclusão de que tudo está unido, não existe separação entre as coisas, pois tudo está devidamente ligado por um fundo energético. Assim, conclui-se que uma coisa sempre influenciará outra.

Em nível mecânico quântico, a mente e o corpo estão unidos, assim, um influenciará o outro — o emocional interfere no físico e podemos dizer, com muita certeza, que tudo que pensamos com intensidade passa para o nosso corpo. E quanto mais mantivermos certos padrões de pensamentos, medos e tristezas, mais eles acabarão gerando doenças em nosso corpo físico. Podemos dizer, por exemplo, que desapontamentos, temores e frustrações acabam armazenados no físico e vão gerar no futuro doenças urinárias e pulmonares com sintomas desde os mais simples e fáceis de resolver até os mais complexos e que necessitam até de cirurgia. Eventualmente, uma insatisfação profunda que permanece ardendo na mente pode expressar-se em um equivalente físico, começando por uma gastrite nervosa até um enfarte.

Na verdade, qualquer insatisfação precisa expressar-se fisicamente, uma vez que todos os nossos pensamentos se transformam em substâncias químicas. Na realidade, a tristeza e a insatisfação estão lá anunciando que estamos tendo certas atitudes contra nós mesmos, e que não estamos percebendo isso direito. E quanto menos quisermos assumir responsabilidade pelo que estamos gerando em nós, mais os sintomas vão se acumulando e aumentando. E se não prestarmos atenção, as tais substâncias químicas acarretarão coisas em nosso corpo como, por exemplo, o enfarte mencionado acima, e outras doenças bastante sérias.

Faltou válvula de escape adequada, o que gerou o enfarte como tentativa de chamada de atenção final, certo? Sempre digo para meus pacientes que é preferível expressar o que sentimos, mesmo que seja inicialmente com alguma dificuldade, elaborando cada situação que acontece, do que guardar tudo lá dentro e com o tempo desencadear uma crise, uma síndrome ou ainda um enfarte ou AVC (acidente vascular cerebral).

O processo é mais ou menos assim: imagine que quando você está feliz, as substâncias do seu cérebro ligadas ao sentimento de felicidade atravessam todo o seu corpo, anunciando a todas as células como você está se sentindo. Ao ouvirem a mensagem, as células também ficam "felizes", isto é, passam a funcionar melhor e alteram seus processos químicos. Porém, quando você está deprimido, acontece o contrário. Sua tristeza é distribuída quimicamente para cada célula, causando, por exemplo, uma gripe, que pode se transformar numa pneumonia a partir do enfraquecimento do seu sistema imunológico. Tudo o que pensamos e fazemos se origina no interior do corpo mecânico quântico e depois atinge a superfície da vida.

As sensações ruins nos anunciam que algo está acontecendo, e quando não prestamos atenção a elas, o corpo físico acaba sendo atingido. Entenda que a origem se dá no interior do corpo quântico, onde surgem sensações que, se não forem ouvidas a fim de interromper a seqüência, atingem o corpo físico na forma das doenças somatizadas.

Por exemplo, doenças somatizadas pela ansiedade: tensões e dores em geral, aperto no peito, problemas respiratórios, dores e problemas no estômago, dor de cabeça, intestino preso, prisão de ventre, problemas nos rins e na bexiga. Normalmente por trás de problemas nos rins e na bexiga estão muitos medos e inseguranças.

Assim, veja que a ansiedade não é a causa, mas a defesa, pois a causa, como foi citado anteriormente, está nas crenças e decretos emocionais errôneos que foram interpretados e introjetados como "padrões de sobrevivência".

Dessa forma, perceba que, para acabar com um sintoma, é necessário achar e compreender a causa, a base ou o âmago da questão. Assim, é importante rever os pensamentos de autocobrança, de medo e de catástrofes que estamos mantendo, bem como checar atitudes de autodepreciação, entre outras posturas.

Para tanto, podemos usar várias técnicas, uma das quais é o contato com o sintoma. Faça o seguinte exercício: coloque sua atenção no órgão ou parte do corpo com o sintoma; imagine que empresta uma voz para o sintoma ou órgão, deixando-o falar. Preste atenção ao que ele diz e comece a perceber quanto está fazendo aquilo, de que forma e por qual motivo ou finalidade.

Exemplo: dor de estômago. Ao emprestar uma voz ao estômago, ele poderia dizer:

— *Estou apertado, estou com medo... Estou doendo... Estou ardendo...*

Agora pergunte-se: *Como é que estou me apertando? Estou com medo de quê? Como é que tenho me machucado? Do que ou de quem estou com raiva?*

Percebeu? A idéia é ouvir o sintoma e assumir a responsabilidade por ele, porque é lógico que somos nós que agimos de forma a gerar nossos sintomas. E essa percepção de responsabilidade é atitude *sine qua non* para amadurecermos emocionalmente!

Adiante descreverei várias técnicas, entre as quais respiração, relaxamento, meditação, biodança e alfagenia, para o controle e cura desses problemas psicossomáticos. No que se refere às técnicas de alfagenia, além de propiciar um relaxamento mental interessante, também são muito boas para acessar a causa de nossos problemas, como vimos no exemplo anteriormente citado da garota com crises de epilepsia. Por meio da utilização dessas técnicas, e quando estiver no estado cerebral alfa, questione-se:

— *Qual a causa da dor, doença ou sintoma?*

— *O que estou fazendo para causar esse problema?*

Doenças e suas causas emocionais

Todos nós temos o que chamamos de órgão de choque: órgão ou parte do nosso corpo que é mais sensível e, como tal, é a parte que nos chama a atenção com sintomas ou doenças somatizadas. A gestalt-terapia afirma que o órgão de choque é o local do nosso *self* onde reside nossa consciência, ou por meio do qual nossa consciência ou nosso Eu Superior se comunica conosco, informando-nos, dando-nos toques do que estamos fazendo a nós mesmos. É o ponto que chama nossa atenção dizendo: *Tem algo aqui que você precisa prestar atenção.*

A seguir você encontrará a descrição de alguns sintomas e doenças que são somatizados no corpo físico e com a sua correspondente explicação metafísica. Você perceberá que às vezes a causa é a mesma, assim, entenda que as atitudes errôneas podem desencadear sintomas em diferentes órgãos, para cada pessoa, de uma forma diferenciada, embora as atitudes e posturas mentais possam ser as mesmas.

Estresse

O estresse é uma espécie de mecanismo automático de alarme do organismo que consiste em reações físicas e psicológicas a estímulos excessivos, traduzidas por alterações como:

Alterações fisiológicas musculares: cansaço, fadiga, tensões musculares, dentes cerrados ou rangendo, dores de cabeça como um capacete , dores nas costas, ombros e nuca, sensação de peso nas pernas e braços.

Alterações fisiológicas vegetativas: diarréia, suores frios, sensação de calor intercalada com frio, mãos geladas, transpiração abundante, aumento nos batimentos cardíacos, respiração rápida e curta, má digestão.

O estresse como resposta de alarme automática em nosso corpo pode ser físico ou psicológico/emocional. O estresse físico ocorre no corpo sempre por causa de excessos que eventualmente podem causar danos como, por exemplo, uma fratura no osso da perna ou pé de um corredor em conseqüência de pequenos traumatismos repetitivos, ou problemas nos tendões do tornozelo se alguém "malhar" demais; uma pessoa exercitando-se em uma academia pode sobrecarregar tanto um grupo de músculos a ponto de causar um estresse muscular tão grande que acaba em lesão, havendo até a necessidade de repouso absoluto.

Já o estresse psicológico é um alerta normal da consciência, porém, o excesso de estresse pode ter o efeito oposto, desencadeando problemas psicossomáticos. Note, por exemplo, que normalmente uma aula tem a duração de cinqüenta minutos. Por quê? Porque é o tempo que conseguimos manter um padrão de atenção concentrada sem um esforço excessivo. Mesmo que alguém queira estudar concentradamente por três horas seguidas, não é funcional, uma vez que o cérebro não consegue se manter concentrado por tanto tempo, daí a necessidade dos intervalos. Assim, quando há esforços mentais intensos e ainda com pressões por conta de cobranças e preocupações e conseqüente ansiedade, isso tudo pode levar a um estresse psicológico, pois há uma tremenda sobrecarga mental.

Durante um estresse psicológico, há pessoas que eventualmente até conseguem aparentar calma, mas interiormente estão perturbadas; outras podem ter crises de pânico; um terceiro grupo experimenta desconfortos, inquietações, pode transpirar muito, ter batimentos cardíacos acelerados ou ainda vomitar e desmaiar. Os distúrbios físicos e as doenças produzidas pelo estresse variam muito, porém existem muitas doenças que podem ser estimuladas ou se tornar piores com o estresse psicológico, particularmente quando combinadas com ansiedade ou depressão. Crises de asma e enxaqueca podem ocorrer no indivíduo sob tensão constante, sendo que o estresse também contribui para a formação de úlceras pépticas, síndrome de irritação intestinal e colite ulcerativa; da mesma forma, hipertireoidismo e neurodermatites também são doenças que parecem ser afetadas pelo estresse prolongado, como resultado de tensões constantes ou situações preocupantes.

Outros problemas que também podem ser provocados pelo estresse são doenças do coração, de pele, gastrointestinais, neurológicas, desordens emocionais, resfriados e outros quadros que advêm com o enfraquecimento do sistema imunológico.

Normalmente, o estado de estresse é caracterizado por uma série de situações ansiosas repetitivas. Exemplo: digamos que você tenha um pensamento ansioso ou catastrófico, do tipo *O que será que vai acontecer? E se sair algo errado?* A partir desse pensamento, você tenderá a desencadear várias idéias catastróficas, medos e tensões. Seu cérebro não sabe se o que você está pensando é real ou fantasia, por isso mobilizará seu corpo para fazer alguma coisa, pois identifica nesses pensamentos de medo e tensão a necessidade de gerar uma reação de ataque ou fuga. Todo o seu corpo, como já explicado anteriormente, ficará preparado para atacar ou fugir da situação que só está acontecendo em sua cabeça. O corpo levará mais ou menos de trinta a quarenta minutos para voltar ao normal; se, nesse meio tempo, você tiver outro pensamento ansioso, novamente desencadeará em seu corpo a reação acima, e assim por diante. Com isso poderemos chegar a um grande estresse apenas por pensarmos, sem necessariamente termos movido uma palha como uma forma de trabalho ou ação real.

O somatório dessas situações ansiosas, e conseqüentemente estressantes, poderá causar as alterações fisiológicas mencionadas acima, e com certeza gerarão com o tempo a somatização de sintomas ou doenças.

Já tive muitos executivos como clientes cuja queixa principal era o estresse, e eles puderam perceber, ao longo das sessões, as causas emocionais traduzidas por posturas e atitudes bastante comuns entre essa classe de profissionais, como cobranças, pressões constantes e desrespeito às necessidades do corpo, entre outras.

O estresse ocorre por sobrecarga de esforços excessivos sobre o corpo e a mente, como:

- Auto-exigências muito fortes, autocobranças.
- Contato com idéias de obrigações.
- Desrespeito em relação ao ritmo interno e às necessidades físicas e emocionais.
- Afastamento do centro do sentir, do querer espontâneo.
- Relação de prazer inadequada ou inexistente com o trabalho.
- Excesso de expectativas da própria pessoa e dos outros, pressões.
- Preocupação com a auto-imagem.

E tudo isso provocando respostas de irritação por parte do organismo como um todo.

Na primeira fase do estresse pode haver uma lentidão dos movimentos e coordenação motora comprometida com pequenos acidentes, como tropeções, derrubar objetos, nível de atividade mais acelerado, falar abruptamente num tom mais alto, agir como "barata tonta", ocupar-se o dia inteiro sem realizar nada direito, excesso de alimentação ou bebida, ou seja, mudanças de comportamento que tocam o alarme de que algo não vai bem.

O estresse sobrecarrega o organismo e a mente, criando o esforço exagerado, a fadiga e, pelo desrespeito ao próprio ritmo, são geradas as doenças como reflexo do excesso em cima do organismo. Como já foi explicado aqui, a doença é um alerta, algo que diz *Não é por aí, não é esse o caminho*, refletindo a necessidade de o indivíduo rever suas atitudes mentais e ações.

Uma reflexão interessante que você pode fazer é: *O que eu sinto e atraio para mim toda vez que exagero, toda vez que me sobrecarrego? De que maneira estou me desrespeitando? Em que e de que forma estou excedendo meus limites reais?*

O estresse também pode ser desencadeado, por exemplo, por:

- Traumas (estresse pós-traumático).
- Mudanças na vida (separação, residência, trabalho), tanto positivas como negativas.
- Autopressão (cobranças), pensamentos de pressa, desrespeito

dos limites reais, podendo gerar, como conseqüência, dor de cabeça, pressão no estômago, no peito, sensações de angústia e sentimentos de culpa.

É importante compreender que o estresse físico ou psicológico é uma resposta natural do organismo. Exemplo: vamos supor que você vá à academia e comece a fazer exercícios de braço, levantando um pesinho. Depois de um determinado número de repetições, seu braço começará a ficar cansado, e se você não respeitar esse cansaço e eventual dor, chegará o momento em que, mesmo que queira levantar o braço, os músculos não responderão porque entraram em estresse. Da mesma forma que isso ocorre com os músculos do nosso corpo se os forçarmos demais, também acontece energeticamente se nos forçarmos demais ao, por exemplo, nos colocarmos sob a pressão de pensamentos de pressa, perfeccionismo e outras cobranças absurdas.

Assim, duvido que você ficasse irado porque os músculos de seus braços entraram em estresse, mas aposto que ficaria muito chateado consigo mesmo se não conseguisse colocar em prática seus decretos de perfeccionismo, e ainda iria se considerar "um idiota" ou "relapso" por não ser "perfeito".

Percebeu como conseguimos ser exageradamente auto-exigentes e com isso exercermos um completo descaso e desrespeito em relação a nós mesmos?

Em resumo, o estresse psicológico está ligado a excessos e pressões mentais já mencionados, como falta de contato consigo mesmo, cobranças excessivas, medo de não ser bom e capaz, e sentimentos de onipotência, como, por exemplo, achar que tem de fazer tudo, não confiar que as coisas andam se não as controlar, falta de amor pelo que faz, idéias de obrigação, mau uso do livre-arbítrio.

Parece incrível que nós possamos causar um problema em nosso corpo físico, não é mesmo?

Uma vítima de enfarte, por exemplo, ficaria chocada se descobrisse que o provocou. No entanto, a fim de não sermos mórbidos ou de só ficarmos com medo, precisamos perceber que, em vez de criarmos doenças, podemos criar saúde a partir da conscientização e mudança de nossos hábitos, atitudes e posturas mentais.

E como fazer isso?

Basicamente, a solução e cura do estresse consistem em:

- Autocuidado.
- Respeito em todos os sentidos.
- Alimentar idéias contrárias às pressões citadas acima.
- Trabalhar a autoconfiança.
- Dar-se liberdade de opção e de ação.
- Ligar-se à sua força real de vontade e poder.
- Considerar-se, perceber o próprio valor.
- Respeitar o ritmo do seu corpo.
- Não se cobrar.
- Aceitar-se como é.
- Assumir responsabilidade por si mesmo e por suas necessidades emocionais.

As pesquisas mostram que técnicas corporais como dança, relaxamento, tai chi chuan e massagens são altamente recomendáveis, porque por meio do toque e da atenção consciente sobre as partes tensas, mais sangue e oxigênio passarão a circular naquela região, gerando um desbloqueio de energias paradas e concentradas.

Assim, algumas alternativas e ações práticas para prevenir-se e livrar-se do estresse são:

Processo de autoconhecimento, por intermédio do qual você pode livrar-se de crenças errôneas a seu respeito; perceber com clareza que tipo de atitudes e pensamentos estão gerando seus sintomas de ansiedade, depressão, nervosismo e conseqüentemente as doenças e sintomas que você sente em seu físico.

Aprendizagem de técnicas de respiração, relaxamento, meditação, biodança e alfagenia, que são magníficas para o controle e cura do estresse e da ansiedade, e que serão descritas mais adiante.

Entenda que só você pode ser responsável pelo seu problema e pela sua cura. Nada nem ninguém poderá fazer a sua parte, ou seja, você precisa fazer a mudança aí dentro, porque é a única pessoa que pode entrar em si mesmo, compreender seus padrões de crenças e mudar suas atitudes.

Perceba que não haverá mudança sem tomada de consciência e mudança de atitudes.

Se tudo o que você fez até agora gerou seu quadro atual, para que possa revertê-lo terá de passar a agir de forma diferente, certo?

Tudo que fazemos gera um certo estresse e isso é normal, porque a cada ação geramos um gasto de energia. Na tabela abaixo você verá a carga de impacto de estresse relacionada a várias situações às quais estamos sujeitos a vivenciar, mesmo que sejam boas mudanças. A escala de impacto refere-se à quantidade relativa de adaptação necessária para enfrentar o acontecimento em si. Entretanto, sinto que quando estamos equilibrados, podemos superar fases estressantes, não sem um desgaste ou sentimento de tristeza, mas com certeza o equilíbrio fará com que tenhamos maior resistência para enfrentar essas situações.

Aliás, quero esclarecer que equilíbrio não significa não ter problemas, porque não ter problemas é impossível, uma vez que eles fazem parte do nosso crescimento e evolução. Pelo contrário, equilíbrio significa saber lidar com os problemas de maneira centrada, consciente e com ações adequadas ao seu bem-estar.

Equilíbrio significa saber lidar com os problemas sem nos deixarmos sucumbir por eles ou nos desrespeitarmos ou lesarmos por conta deles.

Tabela: o estresse no processo de adaptação à mudança

Obs: essa tabela foi criada a partir de pesquisas feitas pelos drs. Thomas H. Holmes e Richard H. Rahe, psiquiatras da escola de medicina da Universidade de Washington.

Acontecimentos/Escala de impacto	
Morte do cônjuge	100
Processo de divórcio	73
Separação conjugal	65
Cumprir pena em prisão	63
Morte de pessoa muito próxima da família	63
Ferimentos ou doença pessoal	53
Casamento	50
Perda de emprego	47
Reconciliação conjugal	45
Aposentadoria	45
Mudança no estado de saúde de um membro da família	44
Gravidez	40
Preocupações e dificuldades sexuais	39
Nascimento de um novo membro na família	39
Readaptação nos negócios	39
Mudança na situação financeira	38
Morte de amigo íntimo	37
Mudança para um trabalho diferente	36
Mudança no número de discussões com o cônjuge	35
Dívidas ou hipotecas altas	31
Execução de hipoteca ou empréstimo	30
Mudança de responsabilidades no trabalho	29
Filho ou filha que sai de casa	29
Problemas com a família do cônjuge	29
Realização pessoal extraordinária	28
Esposa começa ou pára de trabalhar	26
Começar ou parar de estudar	26
Mudança nas condições de vida	25

Revisão de hábitos pessoais	24
Problemas com o chefe	23
Mudança no horário ou condições de trabalho	20
Mudança de residência	20
Mudança de escola	20
Mudança de recreação	19
Mudança de atividades religiosas	19
Mudança de atividades sociais	18
Mudança de hábitos de dormir	16
Mudança no número de reuniões de família	15
Mudança de hábitos alimentares	15
Férias	13
Natal	12
Pequenas infrações da lei	11

Sintomas psicossomáticos oriundos do estresse e da ansiedade

Os sintomas aqui mencionados têm uma explicação metafísica. Analisá-los não exclui uma consulta ao seu médico porque podem ser sintomas de doenças mais sérias e, a bem da verdade, depois que ocorreu a somatização, pode haver a necessidade de um acompanhamento medicamentoso. Porém, se o médico não diagnosticar uma doença real existente, então o sintoma está relacionado à ansiedade e ao estresse, e o ideal é fazer um acompanhamento psicoterapêutico que, aliás, é extremamente necessário nesses quadros.

Lembre-se também de que o sintoma e a doença aparecem quando a sua natureza interpreta que você já tem condições de atuar de uma maneira diferente e melhor do que essa forma de agir nesse seu momento de vida. Nada acontece por acaso. E tudo serve como mensagem e aprendizado.

Um detalhe importante: não se martirize ou fique se culpando. Essa crítica, em vez de ajudar, piora o quadro. Tente ser compreensivo consigo mesmo e estimule-se a mudar suas posturas mentais.

Alergias

Crises de rinite alérgica ou alergias de pele

Costumam estar ligadas a situações irritantes. Você mesmo, alguma pessoa ou alguma situação o está irritando. Pergunte-se: *O que ou quem me irrita? Como me irrito?* Irritamo-nos normalmente por conta de cobranças, imposições, auto-exigências, tentativas de controle e quando assumimos responsabilidades que efetivamente não temos. Pondere que alguém só consegue nos irritar se deixarmos — normalmente a irritação que alguém lhe causa, por meio de uma crítica ou cobrança, significa quanto você também se cobra e critica. Reflita que uma pessoa tem o direito de pensar e falar o que quiser, assim, qualquer coisa que alguém fale é sempre um comentário — passará a ser uma crítica somente se você estiver se cobrando algo parecido ou estiver numa vibração de cobrança e desrespeito.

Reflita: *nada nem ninguém poderá irritá-lo sem que você permita.* Pense nisso e questione suas próprias cobranças e críticas.

Pensamentos de preocupações costumam irritar — e muito. A preocupação constante é similar a ter alguém ao seu lado cutucando e falando o tempo todo: *Você tem que fazer alguma coisa... Por que você não muda isso? O que você vai fazer quanto a isso, hein? Você tem que resolver isso.* Já pensou como isso seria irritante? Pois você mesmo cria essa irritação quando fica preocupado sem analisar se pode ou não fazer algo a respeito, se tem ou não condições, se o assunto ou solução está dentro do seu limite de ação. Por isso, é importante refletir a fim de diminuir as preocupações, a fim de ocupar-se em vez de se pré-ocupar.

Neurodermatites

Em geral estão relacionadas a situações, aspectos que criam ansiedade, medo e insegurança diante da individualidade. Alergia pelos outros e coisas que o rodeiam, baixa auto-estima, péssimo autoconceito e dúvidas sobre a própria capacidade. Naturalmente, a solução aqui é trabalhar a auto-estima e a autoconfiança com urgência.

Outra coisa importante é rever atitudes de contenção, pois você pode estar segurando sentimentos que poderiam ser expressados. Assim, procure falar mais do que sente, em vez de ficar segurando suas emoções. Tudo que contemos em excesso acaba saindo por algum lugar.

Câncer

Parece que lamentavelmente podemos desenvolver um câncer em nós mesmos por conta de ressentimentos e sentimentos de puro ódio. Na realidade, quando odiamos alguém pelo que essa pessoa nos fez, estamos nos odiando mais ainda, pois no fundo consideramo-nos culpados pelo que nos foi causado. É a raiva de como o outro fez você se sentir, é a intensidade do próprio ódio voltado contra si mesmo. Quanto já foi dito e escrito sobre a necessidade de perdoar! Sei que é difícil perdoar, porém, é importante tentar compreender que cada um é o que é e faz o que pode e o que sabe, sempre, e na maioria das vezes, o faz em legítima defesa, de acordo com seu nível de consciência. E você também está enquadrado nisso. Essa compreensão é importante, pois o ajudará a perdoar quem quer que seja, em qualquer condição — e a se perdoar também.

Lembre-se também de que nada acontece ou existe por acaso. Não olhe os acontecimentos de maneira superficial, você não conhece todas as condições (ações) anteriores que geraram essas reações. Assim, em vez de julgar, procure compreender.

Cansaço/fadiga

Idéias de resistência, tédio e falta de amor pelo que se faz costumam gerar esse quadro.

É possível que mesmo depois de ter um bom fim de semana, no qual descansou bastante, você continue cansado. Investigue: Como é que anda se cansando? Que tipo de obrigações tem-se colocado? Que tipo de pesos ou pessoas anda carregando? Por que você tem de carregar pesos dos outros? Por que não pode se dar uma trégua? Lembre-se de que o corpo irá informar, por meio de sintomas e sensações, o que você faz consigo mesmo. Uma pessoa é capaz de gastar o dobro da energia apenas pensando e mantendo a mente ocupada com obrigações, preocupações, catástrofes, tensões e pressões internas. Talvez ter essa consciência diminua seu cansaço e fadiga. Há sempre um cansaço natural pelas atividades de trabalho, que desaparece após um bom período descanso.

Reflita: em vez de se impor o "ter de fazer algo", negocie o optar, o tentar, o experimentar, ou simplesmente o desobrigar, questionando-se sobre a sua real vontade. É bem simples não? Tudo é questão de opção, lembre-se disso. Use bem o seu livre-arbítrio.

Desmaio ou sensações de vertigem

Tais sintomas significam medo, acreditar não ser bom o bastante e não conseguir enfrentar, querer sair do ar, de cena. É sempre bom verificar o que exatamente está tão pesado em sua vida a ponto de você querer sair de cena. Investigue e perceba que seja lá o que for que estiver vivenciando, você pode passar por isso, senão não estaria acontecendo, porém, perceba também se não está sendo radical, inflexível demais; sinta e reflita o que é que precisa aprender por meio dessa situação. Desmaio é fuga, não querer enfrentar a si mesmo e à realidade. Talvez a objetividade seja melhor aqui, ao confrontar a realidade como ela é.

Distúrbios digestivos

Perda de apetite

Pode acontecer como conseqüência de uma série de preocupações que estão ocupando a mente de alguém de maneira tão intensa que a "preenchem" totalmente, então não há espaço para comida, pois a pessoa já se "entope" de preocupações e medos.

Nós na garganta por causa de coisas guardadas e não expressas também podem tirar o apetite, bem como pensamentos de extrema preocupação e medos de se expressar. Questione-se o que de pior teme e ofereça-se alternativas. É possível que a pessoa, quando perceber que não acontecerá nenhuma grande catástrofe e que não morrerá por conta disso, diminua sua tensão.

Fome excessiva

É comum a associação entre comida e conforto. Afinal, comer é gostoso e mantém a vida. Assim, pode haver momentos em que quanto maiores a ansiedade e a tensão, mais a comida entrará como válvula de escape e compensação. Comer também é uma espécie de ação para preencher o "vazio" ansioso entre o aqui-e-agora e o futuro temido. O ato de comer também pode compensar falta de prazer e outras ações que a pessoa não está fazendo, assim, a energia residual presente no organismo por conta dos pensamentos ansiosos acaba sendo usada no ato de comer, o que não deixa de ser uma ação, certo? Essa energia residual poderia ser usada em outras ações mais benéficas se a pessoa entrasse em contato com suas vontades e incômodos reais. Comer também é ruminar (mastigar) simbolicamente tudo o que se tem na cabeça e que causa ansiedade. Quando a fome excessiva leva à obesidade, ou vice-versa, é sempre interessante investigar as causas emocionais, senão ficará muito difícil iniciar ou manter uma dieta, quando o ato de comer é estabelecido como compensação e prazer. Veja as causas emocionais no livro *É tempo de mudança: em paz com seu corpo, como manter o peso ideal.*

Indigestão, úlceras estomacais, constipação ou diarréia

Todos esses sintomas estão ligados a situações de preocupações, grandes medos e irritações em que muita ansiedade é gerada.

Reflita e investigue o que está acontecendo de fato:

Indigestão: O que está difícil de digerir/engolir/aceitar?

Lembre-se: a aceitação daquilo que você não pode mudar é muito importante, justamente para que perceba o que é possível fazer, apesar de as coisas serem como são.

Úlceras: O que está lhe irritando? Do que está com tanta raiva?

Lembre-se: como já foi dito acima, você não pode modificar uma pessoa, mas pode utilizar sua raiva para falar o que pensa, colocar limites e fazer algo de bom para si mesmo. Observe se não está com raiva de si mesmo, como se fosse o responsável pelas atitudes do outro. Isso é autocorrosão; compreenda-se, perdoe-se e escolha atitudes melhores com o objetivo de exercer maior autoconsideração. Pare de se culpar.

Diarréia: Do que você quer se livrar rapidinho sem a elaboração ou a ação necessárias? O que anda acumulando que já podia liberar normalmente? Quais são os seus medos?

Lembre-se: tudo tem um tempo para se concretizar; nada é tão mágico, nada muda ou acontece se não houver uma ação específica. Assim, canalize sua energia para as alternativas, veja o que quer e pode fazer, não se concentre no que não é possível. Às vezes, a cólica de uma diarréia é uma forma de o organismo mostrar que quer jogar algo fora. Pense nisso: O que deixou acumular? Preocupações, auto-exigências?

Quanto aos medos, tente confrontá-los, perguntando-se o que de pior poderia acontecer. Você provavelmente se sentirá mais seguro ao perceber que por trás de seus medos estão buracos emocionais que você mesmo pode preencher quando se respeitar mais e se olhar com maior consideração. Em vez de dar força para o medo, respeite-o, mas aja, pois ao dar muita força ao medo, ele o paralisará.

Náuseas, azia, prisão de ventre

As náuseas podem estar relacionadas a coisas que estão difíceis de serem digeridas, ou a "sapos" que estamos engolindo e queremos "jogar fora", só que não estamos conseguindo encontrar uma maneira de fazê-lo. Pergunte-se também: *O que ou quem me enoja, me enjoa?*

A azia ou acidez estomacal está relacionada a medos, na maioria das vezes ao medo do futuro, ou a momentos de extrema preocupação com coisas que nos são desagradáveis e irritantes. Procure trabalhar a confiança em si mesmo e na vida.

Em geral, esses sintomas são resultado de situações ou fatos difíceis de serem engolidos, digeridos ou absorvidos em nossa vida. A vontade é de jogá-los fora, como, por exemplo, falar ou tirar satisfações; como a pessoa pode ter medo de fazer isso, fica "ruminando" uma situação desagradável, com os sintomas resultantes de náuseas ou irritação estomacal. É como estar enjoado, enojado e não saber o que fazer com esse conteúdo, que não é digerido nem eliminado. Normalmente, o medo de falar está relacionado àquela seqüência emocional dramática, ou seja, achar que poderá magoar o outro e, se isso acontecer, ele irá embora, fazendo com que a pessoa se sinta rejeitada e a pior das criaturas. Tais crenças são desenvolvidas pelo eu emocional lá atrás, na infância, como já foi explicado anteriormente. Uma coisa interessante a ser tentada é expressar para o outro esse medo de magoá-lo. Isso feito, proponha-se continuar a falar, colocando suas insatisfações e desconfortos. Pelo menos será feita uma tentativa de trabalhar essas coisas que estão guardadas e fazendo mal. Porém, reflita sobre o seguinte: É possível agradar a todos? Claro que não, assim, desobrigue-se e tente agradar a si mesmo.

Outrossim, já ouvi algumas histórias em que a pessoa, quando criança, foi duramente castigada porque falou o que sentia ou fez algum tipo de fofoca sem nenhuma maldade. No entanto, tais atitudes foram tão mal interpretadas que a criança foi castigada e foi-lhe imposto: *Não fale, não quero ouvir, quieto... Cale a sua boca...*

Não é à toa que alguém com um histórico desses terá muita dificuldade e medo de se expor, não é mesmo? Se esse for o seu caso, lembre-se: você cresceu, não acha que é hora de se permitir falar sem o medo de ser punido? Enfrente esse medo e perceberá que, afinal, não é tão difícil assim falar.

A prisão de ventre está relacionada a idéias de pressa, pressões e correrias. Geralmente a pessoa come muito rápido e engole muito ar, além disso, não respira direito porque está ansiosa. Um exercício interessante nesses casos é respirar fundo algumas vezes, centralizar, dar-se um tempo e parar com as idéias de obrigação. Lembre-se: há tempo para tudo que você quer realizar, você tem a eternidade para isso, e quanto mais centrado estiver, mais o seu tempo renderá. Experimente!

Colite

Na maioria das vezes, a colite é um quadro gerado por conta de um grande somatório de sentimentos de opressão e frustração, uma grande necessidade de afeto, além de uma não-aceitação das próprias emoções. Já trabalhei com algumas pessoas que desenvolveram um quadro de colite em situações de sofrimento prolongado, no qual havia uma grande frustração e medo de jamais conseguirem sair de uma determinada situação. É exatamente em momentos assim que o organismo desenvolve uma doença como essa, que é caracterizada por irritação e um estado de extrema saturação, ou seja, a pessoa não agüenta mais e quer se livrar do que a faz sofrer. A reflexão, contudo, nesses casos, é justamente perceber o limite: Como você poderá mudar algo que não criou e que não pode controlar? A única saída é perceber as alternativas de fazer algo por si e para si mesmo, ou seja, aceitar a realidade sem submissão e conformismo. Há também a necessidade de trabalhar a dependência emocional, bastante comum na maioria dos casos.

Úlceras

Corrosão do próprio eu.

No estômago: dificuldade de lidar com o novo, de digerir idéias novas; dificuldade de dirigir a vida de forma simples.

No intestino: o intestino é um órgão de seleção, implica dificuldade em livrar-se de padrões de comportamento que já não servem mais. *Reflita:* Que atitudes e maneiras de proceder você insiste em manter apesar de saber que já não são boas nem saudáveis para você? Qual é o medo de mudar? O que pode acontecer de pior comparado ao desconforto e insatisfação atuais?

Geralmente, úlceras e tumores estão ligados a sentimentos como autocobrança intensa, irritação constante, necessidade de complicar as coisas, autopunição e sentimentos de mágoa ou remorso consigo mesmo ou com os outros, enfim, situações que ficam corroendo o eu.

Aqui, novamente, repito: pare e pondere que você não é responsável pelas atitudes do outro. O que ele lhe fez ou causou foi o melhor dele; a você cabe refletir que padrão de energia estava vibrando ao atrair a situação a partir de suas próprias atitudes. Lembre-se de que não é possível mudar ou controlar nada nem ninguém fora de si mesmo. Trabalhe a idéia do autoperdão e sinta que seja o que for que tenha feito (ou não), foi o seu melhor naquelas circunstâncias e condições emocionais. Acalme-se!

Distúrbios do sono

Insônia, sono agitado, pesadelos

Como conciliar um sono reparador com um milhão de pensamentos de preocupações na cabeça? Que tipo de sono conciliador alguém terá se não pára de pensar em catástrofes, se não tem nenhuma confiança na vida ou em si mesmo? Os pesadelos apenas refletirão a agitação do subconsciente, que virá à tona assim que o indivíduo começar a dormir. A insônia acontece quando o corpo já descansou o suficiente e há a persistência de pensamentos e preocupações subliminares. O que acontece é que, assim que o corpo descansa um pouco, a pessoa acorda, por conta dos pensamentos e preocupações subliminares. Às vezes, a insônia também quer expressar um sentimento interessante: *Acorde para a vida!* Nessa situação, será curioso se perguntar que tipo de vida chata você está levando, certo?

O que é que gostaria de fazer que não está fazendo? O que você não está querendo enxergar que precisa mudar ou parar de querer controlar?

Sempre aconselho meus pacientes a criar uma espécie de ritual antes de irem para a cama. Por exemplo: tomar um banho, colocar roupas de dormir confortáveis, cheirosas e limpinhas; lavar e limpar o rosto, passar um creme; sentar-se na cama, visualizar uma luz branca, azul ou dourada vinda do centro do universo e inundando seu corpo, inspirar profundamente e expirar, dizendo mentalmente: *Estou dentro do meu corpo, dentro de minha pele, com minhas próprias energias, e tudo o que não é meu, solto agora para a fonte de origem.* Isso é legal de fazer justamente para separar as suas energias das de outras pessoas com as quais conviveu durante o dia. É importante que separemos os acontecimentos do dia e preparemos nosso cérebro para dormir. Esse ritual serve para isso. Jogue um spray com um aroma suave em seu quarto, ore, agradeça a Deus pelo seu dia, pela noite de sono tranqüilo e reparador que terá; peça orientação aos seus mentores, ao seu anjo da guarda sobre seus assuntos; peça para ser levado durante a noite para um dos templos de luz da Fraternidade Branca para ser orientado, energizado e harmonizado. Divida seus encargos com Deus, com os espíritos amigos e protetores. Visualize essa luz inundando você, seu quarto, sua casa e sua família.

Há pessoas que chegam em casa tão cansadas que simplesmente caem na cama, de roupa e tudo. Que qualidade de sono terão? É claro que será agitado, pois quando dormimos, nosso subconsciente traz à tona coisas do dia que nos perturbaram, e o sono não será de boa qualidade. Por isso é necessário criar um estado de maior tranqüilidade antes de ir para a cama. Se por acaso lembrar de algo importante que não pode esquecer, então levante-se e anote para lembrar-se na manhã seguinte, assim poderá voltar para a cama e realmente desligar-se dessa preocupação. Toda vez que puder anotar algo, faça-o, para que a preocupação de não poder esquecer não ocupe lugar em sua mente, que precisa ficar livre, não sobrecarregada com pensamentos de obrigações, cobranças e coisas que não estão acontecendo no aqui-e-agora.

Doenças cardíacas

O coração é o centro do amor. Problemas nessa área refletem falta de prazer com a vida, uma relação ruim e de controle sobre as emoções, uma evitação da alegria, do amor e da paz. Distúrbios como taquicardia e bradicardia estão ligados a problemas emocionais duradouros, bem como à falta de alegria, tensões, perseverar nas crenças de dificuldade, não dar crédito à força atualizadora dentro de si, acreditar que tudo "depende de mim", não querer largar o controle. O enfarte está ligado ao controle absoluto; é o ato de "espremer o coração" em favor do dinheiro, posição social, esquecendo do centro em si mesmo; é um escravismo aos papéis. Exemplo: a mãe que se cobra ser uma super-mãe; o executivo que tem de ser sério, achando que para ser responsável não pode fazer graça nem ser feliz ou alegre. Confunde responsabilidade com obrigação. Cobra-se uma eficiência neurótica, esquecendo-se de que o real significado de eficiência é *fazer bem-feito o que é possível num determinado momento.*

Reflita: lembre-se de que você é um indivíduo com uma natureza única, assim, seja simplesmente a pessoa que é e tente ser a mãe ou o pai que consegue ser, o profissional que consegue ser, a esposa ou esposo que consegue ser, sem cobranças de extrema eficiência ou perfeccionismo, e sem apego a papéis ou *scripts.*

A trombose coronariana está ligada ao sentir-se assustado, a não se sentir bom o suficiente, à crença no "nunca vou conseguir" e, assim, não acreditar na própria força.

Reflita: eventualmente, explosões de raiva ou choro convulsivo são muito mais interessantes que um ataque cardíaco, certo? Porém, se uma pessoa não se deixar explodir e quiser controlar em demasia as expressões de seus sentimentos, sem nenhuma elaboração, com certeza será um forte candidato a ter um ataque cardíaco. Bem como pessoas perfeccionistas e autoritárias em excesso, que não se dão trégua para um momento sequer de descanso ou respeito.

Técnicas de relaxamento e alfagenia são muito boas para a pessoa perceber o contraste entre tensão e leveza, e para poder rever as atitudes exageradas que tem para consigo mesma.

Hipertensão arterial

Costuma-se dizer que a hipertensão é resultado de várias situações de auto-imposições, exigências perfeccionistas, e de muita, mas muita autopressão, com pensamentos de controle e sem a percepção clara de limites. Imposições absurdas e desnecessárias, pressões exageradas, escravismo a programas altamente rígidos, falta de flexibilidade em relação a atitudes e valores costumam gerar quadros até mesmo crônicos de hipertensão.

Técnicas de relaxamento e alfagenia são excelentes para acalmar o ritmo mental de um hipertenso.

Dores de cabeça (cefaléia)

Dores de cabeça e enxaquecas costumam estar ligadas a pensamentos e cobranças persistentes que ficam "martelando" em nossa cabeça, bem como a tensões acumuladas por excesso de controle e preocupações, sentimentos de raiva, não aceitação da realidade, sexualidade mal resolvida, autocríticas e depreciações.

De todos os órgãos, é a cabeça que reage mais depressa à dor. Todos os outros precisam passar por modificações mais profundas até sentirem dor, logo, a cabeça é o nosso sistema mais sensível de alarme.

Por exemplo, a dor de cabeça pode estar revelando:

- Que nossos pensamentos são incorretos.
- Que estamos aplicando mal nossas idéias.
- Que temos objetivos duvidosos, quando nos cobramos e nos colocamos sob pressão.
- Que começamos a nos preocupar com pensamentos infrutíferos, buscando todo tipo de certezas ou garantias inexistentes.
- Que estamos "quebrando a cabeça".

Dá para perceber o que a dor de cabeça está nos falando? Algo do tipo:

— *Pare com a teimosia.*
— *Pare de se preocupar.*
— *Pare de apegar-se e de querer garantias: solte-se e confie.*

Existe uma reflexão que gosto muito para a dor de cabeça: "Eu relaxo no fluxo da vida e deixo que a vida me traga tudo de que necessito" (Louise Hay).

Na maioria das vezes, a cefaléia está presente quando resistimos ao fluxo da vida, quando colocamos e tentamos resolver na cabeça um assunto corporal, como, por exemplo, a sexualidade ou os medos sexuais. A enxaqueca é geralmente a transferência da sexualidade para a cabeça. O paciente com enxaqueca, na maioria das vezes, tem problemas com uma sexualidade mal resolvida, com insatisfações, anseios, confusões, tabus e contenção de energia. Também pode significar quanto ficamos com um assunto/pessoa/situação "martelando" em nossa cabeça sem percebermos nossos limites, livre-arbítrio, e sem fazer algo mais interessante do que pensar, como, por exemplo, falar, descarregar a raiva, colocar limites claros, largar o controle, dar-se prazeres, ou seja, transformar a energia parada em ações benéficas.

A dor de cabeça geralmente aparece por conta de problemas no fígado. E o interessante é que o fígado é o órgão em que somatizamos nossas raivas e ressentimentos. Assim, fará bem você olhar o que está lhe causando raiva e procurar perceber o seu campo de ação, lembrando que é necessário aceitar a realidade e as pessoas como são para saber o que poderá e quererá fazer. Aceitar não é acomodar-se ou submeter-se, pelo contrário, somente aceitando a realidade é que você desenvolverá uma ação realmente pura.

Falta de ar e palpitações

Esses sintomas acabam aparecendo em função de processos de pressa, autocobrança e preocupações, com pensamentos de medo do fracasso.

Normalmente, a falta de ar também pede espaço e liberdade. É interessante questionar esses detalhes e perceber se você abre espaço e se dá a liberdade de fazer as coisas do seu jeito, e no seu tempo. Questione suas cobranças, suas idéias de obrigações, e tente desobrigar-se. Já trabalhei com muitas pessoas com essa queixa e a maioria delas resolveu o problema quando parou de se colocar sob a pressão de cobranças absurdas e criou espaço para se perguntar quais eram suas vontades e colocá-las em prática de acordo com o seu ritmo.

Impotência

Nada mais "brochante" que pensamentos ansiosos, certo? Como é que alguém pode sentir tesão se está pensando e se colocando sob pressão? Pensar é totalmente o oposto de sentir. Muitos casos de impotência e também de vaginismo (sentir dor durante a relação sexual) estão ligados à ansiedade gerada por cobranças e preocupações com o desempenho. A impotência também está relacionada ao uso excessivo de álcool ou drogas, que por sinal são válvulas de escape à ansiedade excessiva ou medos. A impotência sempre esconde um quadro de ansiedade, auto-exigências e falta de confiança. A hipnose ericksoniana e técnicas de relaxamento e centralidade são muito eficazes para o tratamento da impotência.

Pânico

Costumo dizer que uma crise de pânico não acontece à toa. Esse tipo de crise geralmente é desencadeado por um último pensamento de medo, catástrofe ou preocupação, ou por atitudes de grande desrespeito após um somatório de posturas desse tipo. É a gota que transborda o copo, e quando acontece, desencadeia a crise. Não há dúvida de que em quadros de síndrome de pânico há a necessidade imperiosa de acompanhamento medicamentoso, porém, é de vital importância que a pessoa se proponha a fazer psicoterapia para se conhecer melhor e perceber seus padrões de crenças e atitudes danosas. Já trabalhei com muitos pacientes com esse quadro que conseguiram curar-se.

Problemas respiratórios, bronquite e asma

Os resfriados costumam acontecer em momentos de tristeza, quando não estamos gostando do que está acontecendo ao nosso redor; ou quando nos sentimos impotentes diante de uma determinada situação ou fato; ou quando precisamos mudar atitudes que já percebemos não serem boas e estamos resistindo; momentos em que estamos congestionando nossa cabeça por intermédio dos nossos pensamentos.

O ideal nesses quadros é refletir o que você está guardando e gostaria de falar.

Quanta coisa podemos guardar em nosso peito, como sentimentos não expressos, que podem ser de raiva ou mesmo afetivos... Podemos guardar ressentimentos também ou mágoas pelos outros e por nós mesmos, e tudo isso congestiona o peito e impede o fluxo natural de energia e respiração; o somatório de auto-imposições, críticas, medos e brigas constantes costuma gerar crises de asma ou bronquite. Lares onde há guerrinhas surdas, resultando aquela energia densa, costumam gerar bronquite em seus filhos.

A asma está ligada à incapacidade de seguir adiante por si mesmo, à contenção de vontades e ao excesso de medos e cobranças. Reflita sobre a possibilidade de não ter de ser "bonzinho" e seja você mesmo, trabalhe para ser natural e espontâneo, para se dar espaço e liberdade de pôr em prática suas idéias e objetivos, mesmo que sem a concordância ou aprovação de alguém.

Trabalhe a idéia de expor o que sente, dialogue.

Uma dica respiratória: comece por exalar todo o ar e depois inspire. Pessoas que sofrem de bronquite e asma não exalam todo o ar que precisam; com medo justamente que lhes falte ar, inspiram mais ar do que precisam e esquecem de expirar o necessário.

Reflexão interessante para os estados gripais:

— *Não sou influenciado pelas crenças de grupos ou preconceitos; estou acima das crenças sociais; estou livre de congestões e influências.*

— *Eu me abro para o novo, estou aberto para que as mudanças ocorram em minha vida.*

Tensões e dores

São sintomas totalmente ligados a pensamentos de pressa ou cobranças de perfeição; a tensão corporal está informando que o corpo não está preparado para fazer algo ou que não quer fazer, e está sofrendo pressões ou imposições do tipo querer fazer tudo muito rápido ou um monte de coisas ao mesmo tempo. Reveja as atitudes de obrigações, crie opções ou faça tentativas levando em conta sua vontade e limite reais. Respeite as necessidades e os limites do seu corpo.

Fibromialgia

A medicina ainda não tem uma explicação clara sobre essa doença. Consiste em dores no corpo e nas juntas. Já trabalhei com algumas pessoas com esse quadro e elas melhoraram consideravelmente quando perceberam as pressões, cobranças perfeccionistas, idéias de obrigações e autocríticas que impunham a si mesmas. Técnicas de relaxamento e biodança foram bastante eficazes para a solução deste quadro.

Propensão a acidentes, topadas, tropeções

Normalmente resultante de processos de ansiedade, os ferimentos, entorses e tropeções estão chamando nossa atenção para nos encaixarmos, ficarmos com o pé no chão, no aqui-e-agora, porque estamos ansiosos, aéreos ou dispersos, presos em algum lugar no futuro ou no passado, ou ainda porque estamos querendo nos punir por "erros" cometidos.

Não há dúvida de que tais acidentes estão pedindo para você voltar ao aqui-e-agora, prestar atenção e centralizar. Onde você está? Em que dia, momento ou situação passada ou futura?

Lembre-se: o passado já foi e nada lá pode ser mudado; o correto é aprender com ele, sem críticas, culpas ou remorsos, pois cada um fez o que podia e sabia em um determinado momento, naquele estado emocional e naquelas circunstâncias; o futuro ainda é incerto e contém todas as possibilidades, assim, não vale a pena ficar pensando somente nas possibilidades negativas. Pense que se quiser ter um amanhã feliz, você precisa fazer o seu hoje feliz, e isso só depende do bom uso que fizer do seu livre-arbítrio, que é o seu real ponto de poder.

Mencionei aqui alguns quadros e poderia me estender abrangendo uma grande variedade de sintomas e doenças, porém, creio que os que foram abordados já são suficientes para você perceber a necessidade de se conhecer melhor, a fim de rever posturas e crenças.

Afinal, sei que pode parecer pesado quando percebemos nossa total responsabilidade perante nosso bem-estar e saúde, não é mesmo? É um fato que o sofrimento é necessário para que possamos rever e perceber como estamos atuando na vida e assim buscarmos a cura por meio da tomada de consciência e mudança comportamental. Porém, essa é a lei da vida, que impõe a responsabilidade pessoal. Isso significa que ninguém pode atuar dentro de você e fazer o que somente você precisa fazer. Ninguém respira em seu lugar, ninguém urina ou vai ao banheiro por você, ninguém pode comer ou dormir por você, ou fazer relaxamento para beneficiá-lo — tais tarefas, somente você mesmo pode fazer, certo? Até mesmo a mentalização ou vibração de alguém para você só chegará e penetrará se você estiver aberto para receber isso. Estou falando de livre-arbítrio, e a espiritualidade, a vida, respeitam demais o nosso livre-arbítrio. Assim, se você não quiser melhorar e ser ajudado, ninguém vai fazer o milagre em seu lugar.

Embora pareça pesada essa lei de responsabilidade, a parte mais emocionante, ao meu ver, é perceber que *se eu sou o meu próprio problema, que bom, então cuidarei disso, pois se a lei vale para mim, vale para o outro, e eu também não posso fazer nada por quem está fora do meu contexto pessoal, certo?*

Então, mãos à obra: sejamos responsáveis!!!

Segunda Parte

Em busca das soluções

"O que procuramos?
Um sentido para a vida? Ou pura e simplesmente a sensação,
a experiência de estarmos vivos? O que é viver, afinal? É existir
num plano puramente físico? Ou ter consciência de nossa sensibilidade, de nossa psique, de nossa alma? Talvez o significado
da vida seja integrar tudo isso, nossas ações e experiências
no plano físico com o interior do nosso ser
e da nossa realidade mais íntima.
Daí talvez possamos sentir a maravilha de estarmos vivos."
(Joseph Campbell)

Em busca das soluções

Então, com base em tudo que vimos até aqui, como podemos lidar com nossas ansiedades e sentimentos de estresse?

Quais as soluções e possibilidades de controle e cura?

Uma das coisas importantes e por onde podemos começar a trabalhar é buscar modificar o nosso comportamento, a fim de mantermo-nos centrados, e isso será possível se incluirmos com regularidade a resposta do relaxamento para criar um contraste com a confusão e o mal-estar dos nossos pensamentos errôneos. Também devemos trabalhar nosso autoconhecimento e treinar nossa percepção para nos observarmos e mudar nossas posturas e atitudes, proporcionando um maior respeito por nós mesmos.

Por exemplo, perceba que justamente porque você se preocupa com as pessoas de que gosta é que deveria melhorar-se. Estar de bem consigo mesmo promove o bem-estar ao seu redor, logo, cuidar-se, respeitar-se e priorizar suas necessidades não é egoísmo, mas responsabilidade para consigo mesmo e para com o mundo que o rodeia. Afinal, você não acha que é melhor lidar com alguém mais equilibrado e feliz?

Para começar a trabalhar a resposta do relaxamento, você não precisa, na verdade, aprender a relaxar, o que precisa é dar espaço para a idéia de se permitir relaxar, uma vez que essa resposta é natural em nosso organismo. Você deve encarar a resposta do relaxamento como um mecanismo que neutraliza eficazmente os efeitos psicológicos e fisiológicos perniciosos do estresse e da ansiedade que ocorrem por conta da formação e das crenças errôneas que recebemos de como é que deveríamos ser e nos comportar. A centralidade e o equilíbrio proporcionados pelo processo ajudará a criar uma mente pura, bem como ações puras. Se você abrir possibilidades para criar a resposta do relaxamento com regularidade e se a embutir realmente no seu cotidiano, as situações que ativam sua ansiedade poderão ser neutralizadas por um processo que permite que o seu corpo reduza a atividade automática do seu sistema nervoso simpático. Você estaria simplesmente usando um mecanismo inato do corpo para neutralizar os efeitos danosos do mecanismo que detona a ansiedade e o estresse. Lamentavelmente, a maioria de nós ainda não está fazendo bom uso dessa capacidade inata em nosso organismo, e o que precisamos aprender a fazer é perceber e usar um potencial que já temos em nossa natureza, ou seja, a capacidade de relaxar aqui-e-agora e de criar centralidade e equilíbrio.

Para que possamos controlar e curar os sintomas psicossomáticos, o estresse e a ansiedade, além das técnicas de relaxamento, também podemos utilizar técnicas de respiração, meditação e centralidade, que serão descritas mais adiante.

Uma dica: massagens, toques suaves em movimentos circulares nos pontos de dor. Energize suas mãos, esfregando-as uma na outra; coloque a mão no local da dor e transfira o calor e a energia. Focalize a energia que emana das suas mãos, não a dor.

Cromoterapia mental: mentalize luz colorida no local de dor ou tensão por alguns minutos. Esta seqüência de cores é muito boa para acalmar a dor: verde (equilíbrio), violeta (transmutação, assepsia) e azul (serenidade e relaxamento).

Auto-hipnose, visualização criativa: veja seção sobre alfagenia.

Biodança: nesta técnica, a partir da soltura natural do corpo propiciada pela música, o movimento ajuda a circular a energia parada, resultante dos pensamentos ansiosos, destensionando e desfazendo as couraças energéticas a partir da criação de um novo padrão vibratório. Com isso os sintomas gerados vão se desprendendo como folhas mortas.

Todas essas técnicas serão abordadas e descritas nas próximas seções.

Autopasse: você pode exercer centralidade ministrando-se um autopasse. Experimente estender os braços para baixo, com as palmas das mãos também voltadas para baixo; imagine que a energia da terra sobe pelas suas mãos; depois levante os braços lateralmente e posicione as palmas das mãos voltadas para cima, e imagine-se captando energias cósmicas, do sol e da lua; em seguida, deslize as mãos pelo seu corpo, como que removendo as energias pesadas e descarregando-as no chão. A chave sempre é colocar a atenção num foco positivo, que neste exercício é a captação de energias telúricas e cósmicas.

Controlando a ansiedade

Saudação da aurora

"Cuida bem deste dia, porque é o dia da própria vida.
Neste dia residem todas as verdades e realidades da sua existência:
a glória da beleza, o esplendor da ação, a bênção do crescimento.
Cuida bem deste dia, pois ontem é apenas um sonho,
e amanhã é apenas uma visão. Assim, cada hoje bem vivido torna cada ontem
um sonho de felicidade, e cada amanhã uma visão de esperança.
Cuida bem, pois, deste dia!"

Nesta seção quero discorrer sobre várias técnicas e possibilidades para controlar a ansiedade a partir da centralidade e do aumento da percepção. Uma delas é aprender a evocar a resposta do relaxamento, que é natural em nosso corpo; outrossim, técnicas de respiração, biodança e de meditação são extremamente interessantes para acalmar a mente e estabelecer um bom contato com a natureza verdadeira, a partir do silêncio mental e da centralidade que elas propiciam. Há também as técnicas de alfagenia, e sobre todas elas falarei mais adiante.

A única maneira de controlar nosso processo de ansiedade é reaprender posturas adequadas, quando então você coloca o foco no aqui-e-agora e na observação de seus pensamentos, em vez de nos pensamentos propriamente ditos.

A grande dica para trabalhar a ansiedade é o processo de centralidade. O grande antídoto da ansiedade é a percepção do que sentimos e fazemos no aqui-e-agora, e o processo de centralidade é nos colocarmos às ordens de nossa percepção do aqui-e-agora. Esse procedimento, que na realidade precisamos treinar, é o caminho para o nosso real equilíbrio, e como resultado melhoraremos consideravelmente nosso nível de concentração, atenção e memória. Eventualmente, ouço queixas de pessoas dizendo que sua memória está péssima, e sempre digo que o problema não é a memória, mas a ansiedade que atrapalha a memória. Claro, pois se você está ansioso, como é que vai lembrar de alguma situação ou detalhe se você estava lá só com seu corpo, mas não com sua atenção focada no que estava acontecendo?

Existem muitas vozes em nossa cabeça: vozes de cobrança; vozes controladoras, que acreditam que se não nos preocuparmos, nada acontecerá, e que nos cobram controle sobre coisas que não dependem de nós; vozes de depreciação e crítica, ameaças caso não sejamos altamente corretos e perfeitos; vozes de preocupação com o futuro ou com o que as pessoas vão pensar de nós; enfim, nossa mente é muito tagarela, criando confusão e dispersão, e é muito importante que aprendamos a exercer centralidade como um estado de observação a todas essas vozes, para identificarmos o que pertence à nossa real natureza e conseqüentemente nos faz bem, ou o contrário, a fim de optarmos por seguir o que sentimos ser melhor para nossa natureza ou essência.

Assim, a dica é sentir, muito mais que pensar.

Refletir é ótimo, porque inclui o sentir e as verdades que fazem sentido para nós dentro de um processo racional = razão mais crivo do sentir (bom senso).

É muito fácil identificar o que faz parte da sua verdadeira natureza, que é exatamente tudo o que lhe traz um bem-estar e que é confortável. O universo, a vida e a natureza primam pelo conforto, assim, o que lhe faz mal não faz parte da sua natureza. E isso é muito peculiar, uma vez que cada indivíduo é um ser único. Dessa forma, conceitos de certo e errado, adequado ou inadequado, deveriam ser considerados assim: certo ou adequado é o que faz bem; errado ou inadequado é o que faz mal; e com certeza, cada um saberá o que lhe faz bem ou mal em particular, pois isso é tão individual como a natureza única dentro de cada um.

Nossa mente é realmente craque em colocar bobagens para que nos preocupemos com elas. Perguntas e divagações do tipo:

— *Como é que vai ser?*
— *Será que vai dar certo?*
— *O que é que vão pensar de mim?*
— *Tenho que ser perfeito.*
— *Não posso errar.*
— *Não posso cometer nenhuma gafe.*
— *Tenho que saber tudo sobre tudo.*
— *Tenho sempre que ter uma resposta na ponta da língua.*
— *Tenho que ser perfeito.*
— *Tenho que... tenho que... tenho que...*

Você deve saber do que estou falando... Já deve ter ouvido esse questionamento em sua cabeça, atormentando-o sobremaneira.

Outrossim, quantas preocupações as pessoas têm sem perceber o nada que realmente podem fazer com relação a elas! Discorri sobre essas preocupações no livro *É tempo de mudança*, no capítulo "Transformando medos e preocupações em fé". Preocupar-se é um hábito deveras pernicioso que a maioria de nós tem; aprendemos a achar que, se nos pusermos a pensar muito e nos preocuparmos, as coisas acontecem, e é aí que está a grande ilusão. Só a preocupação não leva a nada, porém a ocupação, a ação específica, sim.

Dessa forma, concluímos que respeitar os nossos limites e perceber o que realmente podemos fazer já é uma grande ajuda no processo contra a ansiedade. A idéia aqui é focarmos as alternativas, não o problema em si.

Quando você estiver preocupado (pré-ocupado, ocupado antecipadamente), pare e pergunte-se o que realmente pode e quer fazer, como pode realmente se ocupar antes de se preocupar. Como já foi dito, o processo de preocupação o desloca para um futuro que ainda não existe, que, por enquanto, é uma fantasia que pode ou não ocorrer. Logo, se você começa a pensar em situações futuras, seu pensamento vai longe, e como sabemos, tudo que pensamos passa para o nosso corpo. À medida que você começa a sentir medo, insegurança ou algo parecido, tudo isso será sentido pelo seu corpo já, e na realidade, a situação só existe em sua cabeça. Por isso é importante ocupar-se, e não só pré-ocupar-se. Quando perceber o que pode e quer fazer, faça-o imediatamente, para não criar ansiedade. Se não der para fazer nada no momento, anote na agenda uma data para você voltar a pensar no assunto, e por hora, desligue-se dele. Fazer sua parte é fazer o que está ao seu alcance já, e a partir do momento que fez sua parte, desligue-se e entregue o resto a Deus, à vida, percebendo e respeitando seus limites reais e suas vontades.

Enfim, ao treinar a percepção no aqui-e-agora, o conseqüente processo de centralidade tem importância fundamental para trabalhar a ansiedade. Dizer à nossa mente: *Pare de pensar*, é absurdo, pois ela não pára de pensar. É um hábito que nos foi transmitido há milênios, assim como preocupar-se e cobrar-se, pois todos esses hábitos, num nível mais interno, foram entendidos como decretos de sobrevivência.

O que precisamos é mudar o foco: em vez de focar os pensamentos, focamos o que está acontecendo no momento atual, o que estamos sentindo, o que estamos percebendo, enfim. Assim, é necessário treinar a percepção a partir de nossos sentidos reais, para que você aprenda a desviar o foco dos pensamentos que criam ansiedade para a percepção real do aqui-e-agora, que é obviamente percebido pelos seus sentidos físicos.

Treinar os sentidos físicos leva a uma maior percepção do seu sentir verdadeiro, que também significa sua intuição ou sexto sentido. Você precisa treinar para lançar mão desse recurso quando se pegar ansioso ou se atormentando com seus pensamentos.

Aqui vão algumas dicas para você treinar diariamente. Você pode começar treinando um sentido por dia; assim, todo dia, por alguns minutos (de três a cinco), faça pelos menos um dos seguintes exercícios:

Exercícios de centralidade utilizando os sentidos físicos

Visão: proponha-se observar tudo o que vê dentro de um campo de visão confortável. Olhe as coisas ao seu redor como se fosse a primeira vez que as estivesse vendo. Não olhe simplesmente: examine, presentifique o que está vendo, vivencie e permaneça no que está vendo sem pensar, só olhando.

Outra possibilidade: fixe um ponto ou alguma coisa, uma planta, por exemplo, e coloque toda sua atenção nesse ponto, nesse objeto, olhando-o detalhadamente, como se fosse a única coisa presente nesse momento, e contemple-o por alguns minutos. Deixe os pensamentos virem, não dê importância, não se detenha neles, apenas fique com o ponto ou a coisa que está olhando como foco único de sua atenção.

Por exemplo, você está contemplando um vaso de flores: observe as cores, os caules, seu tamanho, sua forma, o tipo de vaso, sua cor, formato etc. Suponha que no meio da contemplação você se lembre: *Puxa, essas flores me lembram as que estavam na casa de fulana... Nossa, como será que está a fulana?* Nesse momento você saiu da situação de contemplação e se deslocou para um ponto no passado, quando realmente viu as tais flores, e para um ponto de divagação, perguntando-se como será que está a tal pessoa. Percebeu? Se e quando isso acontecer, traga gentilmente sua atenção para o vaso de flores novamente e lembre-se do seu propósito de permanecer no momento atual.

Isso é treino, e como todo treino, dá um pouco de trabalho, mas acaba se automatizando. E quando isso acontecer, você vai perceber nitidamente quando se desloca do aqui-e-agora. Será exatamente o contrário do que sente na maioria das vezes em sua mente, sob o jugo da ansiedade.

Audição: sente-se ou deite-se e fique com os olhos fechados; procure ouvir os ruídos e sons à sua volta. Permita-se colocar sua atenção naquilo que ouve. Coloque uma música, por exemplo, e ouça cada instrumento dessa música; preste atenção na letra, enfim, realmente ouça, presentificando, vivenciando o que está ouvindo. Ouça cada som do ambiente onde está, como se isolasse cada um deles. Ao isolar sua atenção em relação a determinado som, verá que ele se expande, que aumenta. Isso é muito interessante, o que prova que, onde quer que coloquemos nossa atenção, isso aumenta, expande e se torna foco. Imagine, então, o estrago quando colocamos nossa atenção em coisas negativas! Enfim, proponha-se ouvir cada som, sinta-o detalhadamente, depois passe para outro som que está acontecendo, e assim por diante.

Paladar: pegue vários tipos de alimentos, de sabores variados, alternando entre salgados, doces, azedos, amargos. Coloque-os à sua frente e feche os olhos; vá experimentando cada um deles vagarosamente, presentificando o sabor, sentindo, saboreando cada coisa que você coloca na boca. Foque sua atenção na língua, sinta que parte dela percebe mais um determinado sabor; perceba os dentes, o processo de mastigação, a saliva, o ato de engolir, de que maneira se dá o processo de engolir quando você presta atenção na sua garganta; enfim, explore todas as suas sensações. Você pode, por exemplo, fazer esse exercício durante alguma refeição, colocando sua atenção na mesa ou local onde está sentado, nos talheres, no prato à sua frente, em cada porção de alimento que coloca em sua boca. Isso o ajudará a não comer em excesso, o que provavelmente o ajudará a emagrecer. Aliás, quantas vezes não comemos por pura ansiedade, não por sentir fome? Nesses exercícios, coloque atenção total em seu paladar.

Olfato: selecione algumas coisas com cheiros diferentes e, de olhos fechados, vá sentindo o cheiro de cada uma; preste atenção no olfato, presentifique seu nariz e os aromas que você estiver sentindo. Faça disso o seu inteiro aqui-e-agora, apenas tome cuidado para não se deslocar para lembranças evocadas por algum cheiro. Se isso acontecer, volte gentilmente para o aqui-e-agora, lembrando-se do seu propósito de treinar sua centralidade. É claro que, se já souber que algum cheiro específico o fará evocar uma situação triste ou desagradável, não o utilize. Selecione aromas que lhe são positivos.

Tato: pegue vários objetos com superfícies, texturas e temperaturas diferentes, como áspero, rugoso, liso, frio, quente, macio etc. Feche os olhos e procure colocar sua atenção em suas mãos, nos seus dedos, e pegue um objeto por vez; toque-o, sinta-o. Coloque toda a sua atenção e sentir nesse toque, nessa exploração tátil. Faça disso todo o seu aqui-e-agora.

Uso de argila: uma outra técnica tátil muito interessante é o uso da argila. Pegue um punhado de argila, feche os olhos e comece a tocar, a conhecer, enfim, a sentir a argila; depois de alguns minutos, comece a modelar alguma coisa que expresse o que você sente no momento. Vale qualquer coisa. Se não estiver sentindo nada que queira expressar, deixe que os dedos se movam sozinhos e criem alguma coisa. Quando achar que terminou, abra os olhos, empreste uma voz para a escultura criada e deixe-a falar. Você vai aprender muito sobre si mesmo com esse exercício. Além do mais, a argila é muito útil para trabalhar o contato da pessoa consigo mesma, facilitando o resgate de seu potencial de autopercepção.

Centralidade por meio do banho: outro exercício bastante interessante e gostoso é tomar banho com os olhos fechados. Procure ficar em contato com a água, com o sabonete, seu formato, seu aroma; preste atenção no seu corpo, explore as sensações dele e de cada parte que toca. Enxugue-se e sinta o toque da toalha, passe um creme hidratante ou um óleo essencial no corpo e sinta sua pele, sinta o aroma do creme ou óleo, sua textura; coloque sua atenção em cada parte que está tocando. Se tiver banheira, coloque vinte gotas de alguma essência de que goste e entre na água, procurando prestar atenção total no seu corpo; vá tocando cada parte e mentalmente vá dizendo: esta é a minha cabeça, pescoço etc., sentindo realmente o seu toque, suas sensações, enfim. Num banho como esse, você ainda poderá utilizar óleos ou essências que ajudem em seus estados emocionais. No livro *É tempo de mudança* há inúmeras indicações e orientações sobre esses produtos.

Esta é uma tremenda terapia para elevação da auto-estima e ainda trabalha sua ansiedade e relaxa. Não é ótimo? Experimente!

Você deve ter observado que, nos exercícios acima, com exceção do trabalho com o sentido da visão, pedi que os olhos ficassem fechados. É justamente para que você não se distraia com o que vê e, dessa forma, não atrapalhe o sentido que estiver trabalhando.

Outras opções interessantes

Ficar contemplando a natureza, ouvir o som da água, do mar, além de fazer bem e trabalhar a centralidade, também o supre energeticamente, quando você imagina a energia fantástica da natureza preenchendo seu corpo, suas células e órgãos. Lembre-se de que tudo o que você pensa, passa para o corpo; assim, coloque somente coisas boas em seus pensamentos nesses momentos.

Caminhada como exercício de meditação ativa

Outra dica interessante é a caminhada. Existem pesquisas comprovando que caminhadas de trinta minutos, em média, três vezes por semana, contribuem decisivamente para colocar movimento em sua vida, acabando com dores musculares em conseqüência de tensões e ansiedades, trabalhando a energia acumulada por pensamentos ansiosos, baixando o nível de colesterol, que normalmente está relacionado com a ansiedade, e conferindo outros inúmeros benefícios, inclusive ajudando no combate à depressão. Há outras pesquisas que comprovam que depois de vinte minutos de caminhada, a taxa de serotonina — um dos neurotransmissores cuja taxa é normalmente baixa nas pessoas depressivas — tende a se elevar, criando a sensação de prazer e bem-estar. Enquanto caminha, experimente colocar sua atenção no aqui-e-agora da situação. Faça-o por etapas: primeiramente, coloque sua atenção no seu corpo enquanto caminha, sinta seus pés e vá subindo, percebendo cada parte do corpo e todo o corpo, o movimento, a forma de deslocar o corpo a cada passo da caminhada. Na segunda etapa perceba sua respiração, procure respirar plenamente, enchendo os pulmões, expandindo o abdome e soltando o ar totalmente; continue prestando atenção no processo de respirar, no ar que entra e sai; procure pensar na possibilidade de uma troca saudável: o ar que entra levando oxigênio a todas as células, o ar que sai retirando do corpo gás carbônico e toxinas; inspire idéias de harmonia, paz e tranqüilidade; solte com a expiração idéias de tensão, preocupações e angústias. Na terceira etapa, perceba então a paisagem e concentre-se no que vê, no que ouve. Deixe-se fluir nessa observação sem críticas, sem julgamentos, apenas olhe, registre o que está vendo, ouça e registre o que está ouvindo, sempre no aqui-e-agora da situação. Não vale pensar, porém, se os pensamentos surgirem, deixe-os aflorar, mas não lhes dê atenção; lembre-se gentilmente de que está aqui-e-agora, caminhando, dando-se um tempo de serenidade e conforto.

Tudo isso é trabalhar a centralidade, treinar a percepção do aqui-e-agora com benefícios fantásticos para o processo de ansiedade e para a saúde em geral.

Esses exercícios fazem parte de processos de meditação passiva ou ativa, indicados especificamente para pessoas nervosas e ansiosas. O objetivo é justamente acalmar a mente, fazer silêncio na cabeça e "dar-se um tempo". Se você os fizer, perceberá uma maior leveza, um recolhimento de energias, o que gerará um maior bem-estar. E, quando obtiver essa maior leveza e centralidade, volte às suas atividades, perguntado-se o que vai fazer primeiro, focando o que é prioritário, respeitando sua vontade e ritmo, e faça-o procurando sempre estar realmente centrado em cada situação, em cada momento.

Na realidade, energeticamente falando, quanto estamos em meio à loucura de nossos pensamentos e preocupações, nossa aura fica literalmente esburacada, como se cada pensamento, pessoa ou fato a que estamos conectados dentro do processo de preocupação fizesse um buraco em nossa aura por onde escoa nossa energia. Esses exercícios buscam "aquietar" nossa mente, e o resultado é uma integração e interação energéticas, nas quais você se recolhe e fica inteiro de novo consigo mesmo. Não percebemos, mas o fato é que cada pessoa e situação a que estamos ligados são literalmente carregadas por nós. Imagine se a pessoa a que estamos conectados estiver bem, sorte nossa; porém, se a pessoa estiver mal ou obsediada, por exemplo, ficaremos tão mal quanto ela.

Respiração

Uma grande dica e ajuda neste processo antiansiedade é, sem dúvida, a respiração. Na realidade, a boa respiração é nosso mecanismo de proteção natural e inato contra nossos excessos e gastos de energia. Sabe aquela respirada profunda que damos quando estamos cansados? Parece que ela nos revigora, não é mesmo? Assim, a respiração adequada nos permite desligar os efeitos corporais daninhos quando do processo de ansiedade provocada pela resposta de luta-ou-fuga. A respiração ritmada e calma, que leva ao relaxamento, provoca modificações corporais que diminuem o ritmo cardíaco, reduzem o metabolismo, diminuem o ritmo respiratório e trazem o corpo de volta para um melhor equilíbrio. Esse potencial inato que temos, ou seja, a capacidade de respirar bem, conduzindo a um relaxamento do corpo e da mente, tem uma influência profunda na nossa capacidade de lidar com situações difíceis e na prevenção e tratamento da hipertensão e das moléstias relacionadas a ela, e que incluem os ataques do coração, derrames etc. Você pode aprender que evocar a respiração profunda e o relaxamento é extremamente simples, mas para tanto é preciso seguir uma série de pequenas instruções, como as dadas a seguir. Quando nascemos, sabemos respirar direito. Repare num bebê, como ele respira abdominalmente. A respiração abdominal é aquela em que o abdome "sobe" quando inspiramos e desce quando expiramos. Essa é a respiração profunda, portanto, altamente benéfica.É importante começar prestando atenção em sua respiração, não modificando nada a princípio. Simplesmente preste atenção, respirando algumas vezes e percebendo como o ar entra pelo seu nariz, o caminho que ele percorre, sentindo o processo de inspirar e expirar. Em seguida, procure inspirar mais lentamente, tentando imaginar que sua barriga é como um balão se expandindo. Coloque uma mão sobre a barriga. À medida que inspira, a mão que está na barriga deve subir. Respire com muita calma, de maneira regular e suave. Expire lentamente, deixando sair todo o ar. Se os pensamentos começarem a interromper sua concentração, você pode, por exemplo, contar e imaginar números à medida que inspira e expira. Você pode ir contando, conforme inspira, 1... 2... 3... 4... 5.. Segure um pouco o ar, contando 1... 2..., em seguida, solte o ar lentamente, contando 1... 2... 3... 4... 5... Segure contando 1... 2... Enfim, faça do jeito que você sentir que é mais fácil. Respeite o seu ritmo; não existe um jeito igual para todo mundo, busque o seu jeito e à medida que for praticando, aumente o tempo de inspiração e expiração. Contar os números é uma forma de manter sua atenção concentrada. Faça isso por alguns minutos. Pratique todo dia, duas a três vezes ao dia, ou sempre que se sentir ansioso.

Método rápido de centralidade

Às vezes pode acontecer de você sentir-se mal de repente, seja por ter captado um padrão de energia negativo, por ter recebido um ataque psíquico, seja durante uma crise inesperada de ansiedade, enfim, onde quer que esteja, pare por três minutos, e se for possível, feche os olhos. Concentre-se na sua respiração. Não mude nada, apenas perceba seu processo de inspiração e expiração. Comece a inspirar pelo nariz e a expirar pela boca, como se estivesse assoprando um canudinho. Inspire e expire algumas vezes e diga mentalmente: *Estou aqui-e-agora dentro do meu corpo* (sinta o seu corpo, olhando-o com os olhos da mente). *Estou aqui-e-agora dentro da minha pele* (tome consciência de sua pele). *Agora, tomo consciência de minha cabeça, pescoço, costas, braços e mãos, peito, abdome, pélvis, coxas, joelhos, pernas e pés* (a cada parte a que você vai se referindo mentalmente, sinta-a com os olhos da mente). *Estou aqui-e-agora dentro do meu corpo, inspirando e expirando naturalmente, tranqüilamente, serenamente... Estou aqui com minhas próprias energias e me sinto bem...*

Abra os olhos e localize-se no aqui-e-agora.

Se não for possível fechar os olhos, fique parado em algum lugar e observe seu corpo, prestando atenção à sua respiração e diga mentalmente o que foi descrito acima. Treine todos os dias, duas a três vezes ao dia, e principalmente nas situações estressantes, chatas ou que lhe causem ansiedade, irritação, medo, ou qualquer outra emoção negativa. Dois ou três minutos bastam para que se recolha energeticamente. Você perceberá uma calma e leveza maior após esse treino; e quando se sentir mais leve e centrado, pergunte-se: *Qual a real prioridade agora? O que eu realmente gostaria de fazer? O que tenho vontade de fazer?*

E, por favor, não comece com os "ter de..." habituais, OK?É importante praticar e principalmente lembrar de respirar, porque assim, quando você ficar extremamente ansioso, poderá desencadear quando precisar as respirações abdominal e centrada, conforme explicado no exercício anterior. Passe a empregá-las em situações de tensão em qualquer lugar que esteja: dirigindo seu carro, esperando numa fila, antes de entrar numa reunião importante, em alguma situação tensa que lhe cause medo ou pânico etc. Com essa prática, você não apenas irá melhorar seus sintomas, mas também já começará a monitorar as situações que o deixam mais nervoso. Com o tempo e a prática, crie para você um espaço diário, digamos dez minutos, para você parar, respirar e desencadear um processo de relaxamento. Isso poderá ser obtido a partir da atenção que você coloca em todo o seu corpo.

Técnicas de relaxamento

Como já foi devidamente explicado anteriormente, a reação de luta-ou-fuga é automática tanto no organismo humano como no animal. O fato é que no homem, esse mecanismo não é usado com a sua intenção original, isto é, como preparação para fugir ou lutar contra o inimigo. Assim, ela é com freqüência provocada por situações que exigem adaptações comportamentais, e quando não é usada apropriadamente — o que acontece, na maioria das vezes, uma vez que não confrontamos ou fugimos das situações —, acabamos por gerar toda uma série de preocupações, medos e divagações em nossa cabeça; a ansiedade resultante desse processo provoca repetidamente a mobilização do organismo, acabando por gerar um considerável nível de estresse, que por acúmulo e repetição pode acarretar sérios problemas físicos, resultantes de estímulos mentais excessivos.

E parece que cada vez mais tendemos a criar pressa e ansiedade por conta da vida acelerada que vivemos. Com certeza, há algum tempo, os acontecimentos não eram tão acelerados como atualmente, quando tudo está hiper corrido, e mesmo que quiséssemos, não teríamos tempo para nos manter atualizados diante de tantas novas informações que surgem a cada dia. Com isso, a constante aceleração acarreta conseqüências bastante estressantes em nossa vida. Além disso, ainda sofremos com as inseguranças constantes, comuns nas comunidades atuais, e toda essa correria, pressões e preocupações podem gerar uma ansiedade fenomenal, podendo resultar até mesmo em moléstias devastadoras, como a hipertensão, a depressão, transtornos bipolares, quadros de ansiedade generalizada e pânico, que prevaleceram tanto nos últimos tempos que tendem a se difundir ainda mais futuramente. Enfim, todos nós estamos bem familiarizados com as tensões com as quais nos deparamos em nossas vidas.

Se a necessidade contínua de adaptação a novas situações por conta de nossa vida acelerada pode provocar uma resposta de luta-ou-fuga prejudicial, e se lidamos continuamente com acontecimentos estressantes que acionam essa resposta, é natural indagar se sabemos e podemos controlar os resultados prejudiciais que inevitavelmente acontecem.

Na realidade, temos o potencial de controlar e evitar esses prejuízos. Na medida em que a resposta de luta-ou-fuga é natural em nosso organismo, logo, existe uma resposta fisiologicamente inata que é diametralmente diferente. Cada um de nós possui um mecanismo de proteção natural e inato contra o "excesso de estresse", que nos permite desligar os efeitos corporais daninhos para contrabalançar os efeitos da resposta de luta-ou-fuga. Essa resposta oposta ao "excesso de estresse" provoca modificações corporais que diminuem o ritmo cardíaco e respiratório, reduzem o metabolismo e trazem o corpo de volta ao seu melhor equilíbrio.

Essa é a resposta do relaxamento, mecanismo natural em nosso metabolismo.

É o equilíbrio ying-yang natural em nosso corpo. Temos a necessidade natural do repouso depois da ação de trabalho. Por mais cansado que você esteja, poderá dormir tantas horas que chegará um momento em que seu corpo pedirá movimento e se sentirá desconfortável se continuar deitado. O oposto também é verdadeiro. Assim, a resposta do relaxamento está em nós como fator de oposição ao estresse. Natural não? O importante é que utilizemos essa resposta natural em nosso organismo de maneira consciente, para vencer o estresse e suas conseqüências negativas sempre que entramos em contato com sintomas ansiosos e desconfortáveis.

O principal propósito aqui é discutir a resposta do relaxamento, pois ela pode ter uma influência profunda na sua capacidade de lidar com situações difíceis, bem como na prevenção e tratamento de certos quadros e moléstias resultantes do estresse e da ansiedade.

Método simplificado para a resposta do relaxamento

Como análise paralela, sabemos que a resposta do relaxamento sempre existiu no contexto dos ensinamentos religiosos. Seu uso tem sido muito difundido nas culturas orientais, nas quais tem sido uma parte essencial do dia-a-dia. Porém, sua fisiologia foi definida apenas recentemente, afirmando que as orações religiosas e técnicas mentais correlatas têm efeitos fisiológicos, mensuráveis e definíveis sobre o corpo. E, a partir de escritos coletados no Oriente e no Ocidente, foi criado um método simplificado para provocar a resposta do relaxamento. Com isso, você perceberá que desencadear a resposta do relaxamento é extremamente simples, se você seguir algumas instruções, que incluem os seguintes elementos essenciais:

- Ambiente tranqüilo.
- Posição confortável.
- Dispositivo mental, como uma palavra ou frase que deve ser repetida de modo específico.
- Atitude passiva.

A prática apropriada desses quatro elementos durante dez a quinze minutos, uma ou duas vezes ao dia, contribuirá de maneira significativa para o seu bem-estar, e conseqüentemente para o controle, interrupção e cura de sintomas psicossomáticos e doenças já instaladas.

O ideal é escolher um ambiente sossegado, calmo, com o mínimo possível de distrações. Desligar telefones fixos e celulares é interessante, para que você não seja interrompido. Você poderá, ainda, utilizar uma música tranqüila, que o ajudará a relaxar.

É claro que nisso que parece simples o principal obstáculo são justamente os nossos pensamentos. O que fazer, então? Você pode assumir uma atitude de não prestar atenção neles; deixe-os ir e vir, e se não lhes der atenção, chegará um momento em que não aparecerão mais. A fim de auxiliar a mente a tirar o foco dos pensamentos, é necessário usar um outro foco, como um som, uma palavra ou frase repetidos em voz alta ou silenciosamente; ou mesmo o olhar fixo para um objeto ou ponto qualquer.

Como uma das principais dificuldades no desencadeamento da resposta do relaxamento é a divagação da mente, a repetição da palavra ou frase é uma maneira de ajudá-lo a não prestar atenção nos pensamentos errantes de sua mente. Também é útil ter como foco o ritmo normal da respiração, pois intensifica a repetição do som ou palavra.

Em vez de atentar para os pensamentos, direcione sua atenção para a repetição da palavra ou frase que está usando, ou para a atitude de contemplar o que está observando; você não deve se preocupar com o bom desempenho da técnica, pois isso poderá impedir que a resposta do relaxamento ocorra. Adote uma atitude de "deixar acontecer". A atitude passiva talvez seja o elemento mais importante no desencadeamento da resposta do relaxamento. Pensamentos errantes sempre irão ocorrer. E você perceberá que os mais incríveis pensamentos virão, do tipo: *E aí, o que farei para o jantar? Será que vai chover amanhã? Que roupa vestirei para ir ao teatro?*

Eventualmente, a conversa e sons na casa do vizinho o distrairão e você vai querer saber o que está acontecendo por lá; da mesma forma, outras distrações com certeza aparecerão. Enfim, uma boa atitude é realmente não se preocupar com os pensamentos. Quando eles se apresentarem e você se conscientizar deles, simplesmente retorne à repetição do dispositivo mental e não lhes dê atenção. O fato de ter pensamentos que o distraem não significa que você está desempenhando a técnica de modo incorreto. É de se esperar que surjam. E como tudo é uma questão de treino, com o tempo perceberá que não é tão difícil assim deixar de prestar atenção nos seus pensamentos errantes.

Uma postura confortável também é importante, para que não haja uma tensão muscular indevida. Alguns métodos requerem uma posição sentada. Certos praticantes fazem uso da posição de "lótus", ou pernas cruzadas, dos iogues. Se você estiver deitado, há uma tendência a pegar no sono. Tente encontrar uma postura em que se mantenha relaxado, mas não durma, a menos que seja um momento em que você realmente queira dormir. Enfim, você precisa se sentir numa posição confortável, e não deverá se cobrar a postura dos iogues, uma vez que esse não é o objetivo principal em nosso treino.

Técnica de relaxamento

A técnica a seguir é o método de eliciar a resposta do relaxamento no Beth Israel Hospital, de Boston, Estados Unidos.

1. Sente-se tranqüilamente numa posição confortável.
2. Feche os olhos.
3. Relaxe profundamente todos os seus músculos, começando pelos pés e progredindo até o rosto. Conserve-os relaxados.
4. Respire pelo nariz. Conscientize-se da sua respiração. Enquanto exala, diga a palavra "UM" silenciosamente, para si mesmo. Por exemplo, inspire... exale, "UM", inspire... exale "UM" etc. Respire fácil e naturalmente.
5. Continue nesse processo durante dez a vinte minutos. Você pode abrir os olhos para verificar a hora, mas não use despertador. Quando terminar, sente-se sossegadamente por vários minutos, a princípio de olhos fechados, depois de olhos abertos. Demore alguns minutos para se levantar.
6. Não se preocupe se está tendo ou não êxito em alcançar um nível profundo de relaxamento. Mantenha uma atitude passiva e permita que o relaxamento ocorra no seu próprio ritmo. Quando surgirem pensamentos que o distraiam, tente ignorá-los, evitando fixar-se neles, e volte a repetir "UM". Com a prática, a resposta deve surgir com pouco esforço. Execute a técnica uma ou duas vezes ao dia, mas não no período de duas horas após qualquer refeição, uma vez que o processo digestivo parece interferir na eliciação da resposta do relaxamento.

Outra técnica de relaxamento

Mais uma técnica interessante é a que segue:

Sentado numa posição confortável, feche os olhos e perceba sua respiração, a princípio sem alterá-la, apenas observando o ato de respirar. Depois de algumas respirações, comece a inspirar pelo nariz e a expirar pela boca, assoprando vagarosamente. Depois de algumas inspirações e expirações, comece a prestar atenção em cada parte do seu corpo, começando pela cabeça, e a cada parte que você coloca sua atenção, imagine à sua frente a palavra "Relaxe", como que dando uma ordem mental àquela parte do corpo para relaxar. Quando passar por todo o corpo, provavelmente se sentirá muito sereno e relaxado. Coloque em vigor uma outra ordem mental, como *Daqui a um minuto contarei vagarosamente até três, e quando chegar a três, abrirei os olhos e me sentirei serenamente alerta, muito bem disposto e maravilhoso; e essas boas sensações perdurarão pelas próximas horas e pelos próximos dias.*

Técnica de toque (autocuidado)

Comece colocando-se numa posição confortável e preste atenção na sua respiração. Inspire pelo nariz e solte pela boca, como se estivesse assoprando um canudinho. Faça algumas respirações profundas. Agora sinta suas mãos, permita-se percebê-las, uma mão conhecendo a outra como se fosse a primeira vez que você as sentisse. Dê-se um tempo e então comece a tocar seu corpo, começando pelos pés, tocando cada dedo dos pés, calcanhares, planta dos pés, dorso dos pés, enfim, todo o pé, usando uma mão em cada pé; depois comece a subir tateando as pernas, a barriga da perna, os joelhos, tocando e ao mesmo tempo permitindo-se conhecer essa parte do seu corpo de maneira suave e amorosa, porque afinal é o seu corpo. E vá subindo, tateando todo o seu corpo e presentificando essa experiência no seu aqui-e-agora, não deixando que os pensamentos interfiram, e tendo sempre como dispositivo mental (elemento no qual você coloca sua atenção) o seu corpo, a parte que, no momento, você está tocando. Depois que tocar todo o corpo, sempre subindo, dos pés à cabeça, entre em contato novamente com suas mãos, sentindo-as; então, volte a tocar a região que você ainda percebe estar tensa ou dolorida. Depois disso, volte a tatear a região do seu corpo que mais gostou de tocar, e encerre o exercício deitando-se ou sentando-se em posição bem confortável, respirando agradavelmente, mantendo-se em contato com seu corpo relaxado e tranqüilo. Fique assim por alguns minutos, depois retorne às suas atividades normais.

A importância da respiração profunda e do relaxamento para Reich para dissolver anéis de contração e armaduras musculares

"Amor, trabalho e saber são as fontes de nossa existência. Deverão regê-la também." (Reich)

"Para que vivemos? Quem pergunta isso parece ter vontade de aventurar-se no emaranhado da filosofia. Talvez tenha sido tomado por um grande temor diante da insignificância da existência humana. No primeiro caso, ainda bem; no segundo, muito mal. Isso pela seguinte razão: 'Viver para viver' é a única resposta à pergunta feita, por esquisito e unilateral que isso possa parecer. Toda a finalidade, todo o sentido da vida, para o homem, consiste na própria vida, no processo da vida. A fim de apreender a finalidade e o sentido da vida, é preciso amar a vida por ela mesma, inteiramente; mergulhar, por assim dizer, no redemoinho da vida; somente então apreender-se-á seu sentido, compreender-se-á para que se vive. A vida é algo que, ao contrário de tudo que foi criado pelo homem, não necessita de teoria; quem apreende a prática da vida também assimila a sua teoria." (Do diário do aluno de Reich, Kóstia Riabtsev)

Wilhelm Reich, nascido em 1897 em Dobrzanica (que fazia parte do então Império Austro-húngaro) e falecido em 1957, foi um psicanalista e psicoterapeuta que contestou muito as idéias da psicanálise freudiana e prenunciou com grande lucidez alguns dos problemas essenciais hoje bastante debatidos, como a relação direta entre as neuroses e a educação repressora, entre sua origem e as condições sociais que matam a alegria de viver. Reich defendeu a libertação do corpo e da mente em função do amor, interessou-se pelas condições sociais de seus pacientes, cujos problemas atribuía a uma "couraça" ou "armadura" fisiológica, conjunto de estruturas do caráter que obstruem a energia sexual e impedem sua livre expansão. Em seu livro *A função do orgasmo* (1927), escreve que o único fim da análise é quebrar essas defesas e liberar toda a energia. Reich contestava as idéias de Freud, que afirmava "que a civilização é necessariamente repressiva e a sublimação dos instintos sexuais é indispensável para que a energia humana seja dirigida para o trabalho". Já para Reich, a "miséria sexual" é o coroamento de toda repressão, por isso propunha-se defender a vida, reconhecendo os direitos do sexo.

Na realidade, Reich foi um contestador e naquela época já começava a defender a liberdade de as pessoas serem autênticas, sem que as idéias e formação repressoras impedissem esse direito de ser. Introduziu os conceitos de couraça e armaduras fisiológicas oriundas dessa educação repressora, criou a terapia bioenergética, que utiliza exercícios de respiração profunda, relaxamento e técnicas desrepressoras com o intuito de desfazer essas couraças e armaduras, que, segundo Reich, inibem, impedem e perturbam a verdadeira capacidade de ser natural em um indivíduo. Com certeza, na época causou grande choque por conta de suas idéias, e acabou sendo preso por seus ataques às instituições e acusado de paranóico. Morreu na prisão.

Para Reich, "cada músculo rígido contém a história e o significado de sua existência, expressando os conflitos latentes quase sepultados nas contraturas entrepostas dos músculos. Com o relaxamento, o objetivo é dissolver as tensões e chegar à conscientização do conflito subjacente que gerou os anéis de tensões e armaduras musculares". O ideal é que essa percepção ocorra num processo de psicoterapia, porque pode ser difícil que a pessoa chegue sozinha a essa identificação; porém, como mencionei anteriormente, você pode se propor relaxar, acalmar sua mente e emprestar uma voz ao sintoma, procurando entender sua mensagem. Reich dizia que os segmentos da armadura muscular podem ser observados nos dispositivos de anéis de contração, gerando doenças, dos quais os mais importantes são:

Ocular: imobilizando a maioria dos músculos do globo ocular, pálpebras, testa, glândulas lacrimais, produzindo protusão ocular, expressão vazia do olhar, faces sem expressão, como se estivessem cobertas por uma máscara, e falta de movimentação mímica do nariz.

Oral: incluindo os músculos occipitais, da garganta, mentais e orbiculares da boca, com a contenção ou comprometimento emocional de morder, gritar, sugar, ou expressões de emoções.

Cervical: incluem os músculos mais profundos do pescoço, o platisma e esternoclidomastóide e da língua, resultante da retenção ou por engolir emoções.

Peitoral: caracterizado pelo estado crônico de inspiração (estar insuflado), respiração superficial e falta de mobilidade do tórax. Envolve os músculos intercostais, os grupos peitorais, aqueles que têm relação com as escápulas e ombros, expressando emoções como autocontrole, restrição, retenção, rigidez de postura, mãos desajeitadas, pesadas e duras. Em geral, atitude militar exagerada, constituindo a armadura central.

Diafragmático: sobre o epigástrico, processo xifóide do esterno, costelas inferiores e inserções posteriores do diafragma às vértebras torácicas 10-12, manifestando-se de modo patente na lordose da coluna vertebral e nas afecções do estômago, pâncreas, fígado e plexo celíaco, e dos músculos ao longo das vértebras torácicas inferiores. Há certa dificuldade em exalar o ar, e a presença da armadura nesse segmento exige muita habilidade para dissolvê-la. Provável causa: tensões e preocupações, presença constante de ansiedade, medos, falta de prazer, irritações.

Abdominal: os músculos retos e oblíquos do abdome podem ser palpados como cordões duros e dolorosos, em certos pontos bastante sensíveis; também as porções inferiores da grande dorsal e dos músculos sacroespinhais demonstram comprometimentos intensos. Causas: idem ao item acima, acrescido de dificuldades de digerir situações, engolir "sapos", situações que se arrastam, medos infantis.

Pélvico: todos os músculos da pélvis, que apresentam nas suas diversas partes pontos dolorosos, contraídos até o esfíncter anal, dando a impressão de imobilidade, falta de vitalidade, falta de expressão sexual e excitabilidade dificultosos. Ao mesmo tempo, constatam-se as mais variadas queixas, como lumbago, prisão de ventre, afecções do reto, polipose uterina, tumores de tipos diferentes, bexiga inflamada ou irritada, uretrites inespecíficas, anestesias da vagina e da glande do pênis, inflamações dos ovários e trompas. Possíveis causas: educação rígida, tabus sexuais, dificuldade para se expressar, presença de conflitos, culpas e medos.

Por conta da nossa formação, com base nas idéias que introjetamos de como deveríamos ser ou agir, cada um de nós pode ter desenvolvido essas couraças e armaduras musculares com os conseqüentes sintomas e problemas somatizados no físico.

Reich afirmava que "a tensão não vem de fora para nós, é alguma coisa que produzimos; a tensão excessiva é uma mensagem não-verbal do nosso corpo apelando para que nos tornemos mais receptivos, permissivos, que deixemos as coisas acontecerem naturalmente, sem controle. O primeiro passo para o relaxamento é tornar-se mais ciente de sua tensão e se propor a respirar profundamente. O enrijecimento muscular é o grito do seu corpo dizendo-lhe: *Pare de enrijecer-se!*

Reich também afirmava "que em alguns casos, a tensão amarra os músculos tão profunda e apertadamente, que eles se solidificam. O tecido se degenera, perde flexibilidade, elasticidade e tônus. Tensão excessiva, palavras inexpressivas, limitação sensorial, tudo isso conduz ao comportamento automático, fixo, condicionado, baseado em regras, leis e conceitos, impondo o modo como você deveria ser, e isso faz de você um robô. O funcionamento automático é seguro, eficiente, previsível, porém totalmente frustrante, impessoal e insatisfatório, pois usa truques e técnicas. Antes de criar um relacionamento, há uma manipulação, representação de papéis, comportamentos artifíciais, controles deliberados e falsos criando uma ausência de alegria, honestidade, humor e amor; e, com certeza, isso tudo acaba criando um tremendo tédio, resultando na morte existencial que é a depressão ou negação da vida".

Quanta verdade nessas afirmações! Apesar de toda crítica recebida na época por conta dos preconceitos e rigidez social, Reich realmente foi um sujeito muito corajoso e audacioso, a ponto de preferir a prisão a desistir de seus ideais vanguardistas.

Assim, creio que vale a pena refletir: **não vale a pena fechar-se — abra-se para a vida.** O importante é, então, começar a tomar consciência do seu corpo; prestar atenção no que seu corpo está falando e mostrando para você.

Uma técnica interessante para começar a dissolver esses anéis e armaduras é justamente utilizar métodos de relaxamento progressivo, como segue:

Relaxamento progressivo de E. Jacobson

• Procure encontrar uma posição confortável e feche os olhos.

• Aperte os lábios um contra o outro e observe a tensão que se produz neles; eles estão bastante tensos. Você vai soltá-los agora e deixá-los completamente descontraídos, afastando-os levemente... Aprecie a descontração... Sinta como estão bem relaxados e tente soltá-los cada vez mais...

• Agora encoste sua língua com força contra a gengiva superior, por trás dos dentes, e observe essa forma de tensão... Sua língua está agora em grande tensão... Retire-a então de uma vez, deixando-a tomar sua posição original... Observe o alívio que causa a falta de pressão... Sinta que relaxando os lábios e a língua relaxam-se também a face... os maxilares... o nariz... a garganta.

• Fixe sua atenção no pescoço, inclinando a cabeça para trás... Observe a tensão... Vire a cabeça para a direita: permaneça assim e perceba a mudança das tensões... Agora vire-a para a esquerda e perceba as tensões também desse lado... Incline a cabeça para a frente, com força, o queixo deve tocar o peito... Agora volte à posição solta... Observe como está descontraída e deixe essa sensação aumentar...

• Levante seu ombro direito e mantenha-o nessa posição. Observe as tensões... Solte-o e perceba o relaxamento dessa região, bem como o relaxamento da face e do pescoço... Levante o ombro esquerdo e proceda da mesma maneira... Solte-o agora e perceba a descontração não só dessa região, mas acima e abaixo dela... Faça girar coordenadamente ambos os ombros, primeiro para a frente, cinco vezes em ritmo lento... Solte-os... Observe a descontração que se estende para as costas e o peito... Gire os ombros agora para trás, cinco vezes, sem pressa... Solte-os observando novamente as alterações que ocorrem também nas regiões vizinhas... Perceba a sensação de peso nas partes trabalhadas... Tente estendê-las para todo o tórax... Você poderá até senti-las no corpo todo.

- Encolha a barriga paulatinamente, permanecendo com os músculos endurecidos... Observe a tensão... Solte de uma vez... Perceba a expansão dessa soltura...
- Respire calmamente... Faça mais uma vez, mas encolhendo a barriga... E perceba a sensação torácica... Solte e experimente como toda a região do abdome e do tórax está relaxada e como tal estado transfere-se também para as extremidades... Repita o exercício mantendo a barriga encolhida... Observe agora, com a barriga encolhida, as tensões nas costas... Experimente, ao soltar a barriga, como as tensões das costas também se soltam, bem como as do tórax e do abdome... Solte então e deixe a sensação estender-se para o corpo inteiro...
- Respire sentindo o peso do seu corpo, as partes soltas... Permaneça assim mais um tempo...
- Agora abra os olhos... Movimente os braços... Respire mais profundamente... Espreguice-se mais... Vire-se com movimentos lentos para a direita e para a esquerda... Levante-se lentamente.

Uma modalidade rápida para essa técnica (contração e soltura)

Inspire e procure enrijecer o corpo, contraindo mãos, braços, encolhendo a barriga e dobrando o corpo o máximo que puder. Segure um pouco, e quando não agüentar mais, solte totalmente, expirando o ar, acrescentando um som a essa soltura (ahhhh). Em poucos segundos você sentirá quanto seu corpo pode ganhar uma descontração interessante. Repita mais duas vezes. Esse exercício é ideal para ser feito em momentos em que você se sente tenso e não tem um tempo maior para realizar um relaxamento mais longo e elaborado.

Técnica rápida de congelamento

Pare onde e o que estiver fazendo, fique como uma estátua congelada e por trinta segundos observe a posição em que está, focando o corpo, pontos de tensão, dores etc. Depois desse tempo, solte-se, escolhendo uma postura mais solta e à vontade.

Batidinhas na cabeça, palmadas no rosto e no tórax com gritos

Feche os olhos e experiencie como sua cabeça se sente. Abra os olhos, dobre os dedos e comece a dar batidinhas no topo da cabeça. Use um movimento cadente, como a queda da chuva, em toda a cabeça, de modo vigoroso e uniforme. Faça isso por cerca de quinze a vinte segundos em cada área. Trabalhe toda a região que pareça pedir mais. Volte às batidinhas em toda a área da cabeça e então gradualmente deixe que o movimento diminua; então pare. Abaixe as mãos, feche os olhos e experimente os efeitos relaxantes dessas batidinhas.

A seguir, comece a dar palmadinhas vigorosas em toda a extensão do seu rosto e delicadamente na região dos olhos. Após alguns minutos, feche os olhos e sinta o resultado dessas palmadinhas.

Com as palmas e os dedos de suas mãos abertos, dê palmadas em toda a região do seu tórax. O movimento é vigoroso, porém de maneira alguma doloroso. Continue com as palmadas, suba para o peito e emita o som "Ahhhhhhh" (o som que o médico lhe pede para fazer quando abaixa sua língua). Esse som deve ser contínuo e tão alto quando possível. Continue com as palmadas e grite durante quinze a vinte segundos. Gradualmente, deixe decrescer o grito e as palmadas. Abaixe as mãos e experimente os efeitos posteriores.

Muitas pessoas são apenas semi-respiradoras, ou seja, retêm ar residual nas bases dos pulmões, por isso são incapazes de ter uma respiração profunda e completa, mesmo se quiserem. Para respirar mais profundamente, você precisa exalar mais. O grito expulsa o ar velho e alguns dos sentimentos retidos.

Reflexão: permita-se ser "ar-livre"

Enfim, podemos perceber com toda a certeza que temos o potencial de lidar com nossas ansiedades e sensações de estresse. O que devemos fazer para contribuir com esse processo é modificar nosso comportamento, propiciando-nos a resposta do relaxamento com regularidade.

Foram relacionadas anteriormente algumas técnicas que podem levar um certo tempo para serem realizadas, porém, bastam alguns minutos de atenção à sua respiração e ao que está acontecendo no momento para que você se centralize e contribua de maneira eficaz para o combate à sua ansiedade.

Afinal, uma vez que a resposta de relaxamento é automática em nossa natureza, então basta que você aquiete sua mente, respirando algumas vezes profundamente, prestando atenção na respiração, e depois que estiver respirando de maneira profunda, comece a prestar atenção no seu corpo, em cada parte, da cabeça aos pés. Faça isso por dois ou três minutos.

Esse exercício bastará para que consiga sentir seu corpo mais relaxado. Você vai perceber quão poderoso é esse método simples de recuperação e renovação de suas energias.

REFLEXÃO IMPORTANTE: existem pessoas que dizem que não conseguem dar-se esses momentos porque acham que estão perdendo tempo. Gostaria de refletir com quem pensa dessa forma que parar por um tempo é como se dar um presente, um cuidado especial, e com isso você estará reciclando sua energia, criando uma maior disposição e ânimo, logo, em vez de perder tempo, você estará ganhando em saúde e bem-estar. Pense nisso!

Técnicas de biodança para criar centralidade e que envolvem fluência e soltura

As Possibilidades Perdidas...

Viver não dói. O que dói é a vida que não se vive.
Definitivo, como tudo o que é simples.
Nossa dor não advém das coisas vividas,
mas das coisas que foram sonhadas e não se cumpriram.

Como aliviar a dor do que não foi vivido?
A resposta é simples como um verso:
se iludindo menos e vivendo mais.

Emilio Moura

Biodança — Equilíbrio global

Quero discorrer um pouco sobre essa maravilhosa técnica de equilíbrio e centralidade que é a biodança.

A palavra biodança significa movimento da vida. Bio = vida, e dança é o movimento pleno de sentido, e todo ser humano, por natureza, encontra-se dentro desse movimento, mesmo que não queira admiti-lo. O universo é puro movimento, nosso corpo é puro movimento, pois nada está parado, tudo se move num ritmo perfeito e eterno.

A proposta da biodança é a mudança do ser humano por meio da dança, ou seja, gerando uma reaprendizagem em nível afetivo, uma modificação límbico-hipotalâmica, resgatando o vínculo natural do ser humano com sua natureza original. Em termos de natureza real, somos seres fluidos. A biodança tem como objetivo a reaquisição ou resgate dessa fluência natural por intermédio da dança, que é o movimento por meio do qual o corpo se solta em sua linguagem natural, e por intermédio da música, que é a linguagem universal que nos liga ao inconsciente coletivo e à nossa criatividade natural. O movimento dentro do organismo é como o fluxo sanguíneo que flui constantemente, e se parar acarretará um problema ou até mesmo a morte, e a música direciona esse movimento expressando o sentir e as emoções do indivíduo.

O criador do sistema biodança é Rolando Toro Araneda. Ele nasceu em Concepción, Chile, em 1924. Iniciou sua investigação com a biodança em 1965, no Hospital Psiquiátrico de Santiago. É também pintor e poeta. Foi docente das disciplinas psicopatologia da arte e psicologia da expressão e da criatividade no Instituto de Estética da Pontifícia Universidade Católica em Santiago, e membro docente do Centro de Antropologia Médica da Escola de Medicina da Universidade do Chile. Expandindo sua criação, introduziu o sistema biodança na Argentina, no Brasil e em toda a América Latina nas décadas de 1970 e 1980. Atualmente reside em Milão, de onde coordena o movimento da biodança em todo o mundo.

Segundo declarou Rolando Toro em 1978, a biodança é um sistema de integração e desenvolvimento humano baseado em vivências corporais induzidas pela música, pelo movimento e pela comunicação em grupo, seguindo um modelo teórico operatório. Em 1979, ele mesmo, em linguagem poética, assim definiu a biodança: "A base conceitual da biodança provém de uma meditação sobre a vida, ou talvez do desespero, do desejo de renascer de nossos gestos despedaçados, de nossa vazia e estéril estrutura de repressão. Poderíamos dizer com certeza: da nostalgia do amor. Mais que uma ciência, é uma poética do encontro humano, uma nova sensibilidade diante da existência".

Atualmente, definimos biodança como "um sistema de integração afetiva, renovação orgânica e reaprendizagem das funções originárias da vida por meio da música, do movimento e da comunicação em grupo".

Na integração afetiva, reunimos a percepção, a motricidade, a afetividade e as funções viscerais que foram desintegradas dentro de nós, e que conseqüentemente revelam-se dessa maneira nas nossas ações dissociadas.

Um ser humano integrado percebe o mundo com sua inteligência sensória e sutil, bem como assimila, digere e sente internamente. Experimenta a emoção autêntica que corresponde ao estímulo que o envolve — tristeza, alegria, prazer ou desconforto, raiva ou medo, sentimentos que produzem substâncias que neurologicamente desencadeiam ou reforçam aquela emoção — e, por conta disso, age coerentemente com esse processo. Essa coerência traz harmonia e claridade a todo relacionamento humano. Produz saúde psíquica e comunicação afetiva com o mundo, além de proporcionar crescimento evolutivo a todos à sua volta. Um ser humano integrado gera ação e promove o desabrochar da criatividade por onde passa.

De outra forma, os seres humanos desfacelados, que causam destruição a si próprios e ao ambiente em que vivem, são movidos pela desintegração interna. Sua percepção do mundo se dá de forma distorcida e ameaçadora. Não confiam em si mesmos e menos ainda no outro. Vivem em estado de alerta tentando ter tudo sob controle. Sua inteligência, desvinculada do centro afetivo, é usada para coisas inescrupulosas ou mentirosas. Há ainda casos em que a pessoa, embora perceba o mundo com sensibilidade, não consegue emitir a ação adequada nos seus contatos afetivos. Sente uma emoção e demonstra o contrário. Quer agradar e acaba desagradando. Olha na direção contrária da pessoa da qual deseja se aproximar.

Muitas frustrações e mal-entendidos decorrem dessas dissociações internas e da incoerência entre o sentir e o expressar.

Com base nessas colocações, o sistema biodança atua integrando os centros propulsores de harmonia e os sintomas caem por falta de suporte físico, psíquico e neurofisiológico. As doenças se desprendem sozinhas, como folhas velhas de uma árvore.

Neurologicamente falando, podemos entender o processo de harmonia como um equilíbrio entre o sistema simpático e parassimpático; entre as ações de enfrentamento, desafio, luta, coragem de viver e tranqüilidade, bem como relaxamento e reparação orgânica.

Na excitação ergotrópica, relacionada ao instinto de luta e fuga, as respostas emocionais se dão em relação ao meio ambiente e são impulsionadas pela adrenalina e noradrenalina.

Nas respostas de interiorização, repouso e serenidade, há uma excitação trofotrópica , estimulada pela serotonina e acetilcolina.

As vivências em biodança passam de um pólo a outro, produzem equilíbrio homeostático e favorecem um aprendizado de auto-regulação. O resultado é que se desenvolve na pessoa a capacidade de se conectar com suas emoções e sentimentos, bem como expressá-los de forma coerente consigo mesma e com o ambiente.

Mais que uma instintiva descarga do conteúdo interno, a biodança promove uma conexão interna do sentimento e sua expressão, seja para buscar o prazer, seja para fugir da dor. Temos de ressaltar aqui a diferença entre emoção e sentimento. O estado emocional é uma resposta instintiva e visceral a um estímulo. Alguém pisa no seu pé e você solta um palavrão, ou alguém lhe sorri e você sorri de volta. Alguém lhe desperta tesão e você se aproxima sexualmente ativado.

Já o sentimento é uma escolha afetiva elaborada e exige uma vinculação mais abrangente, isto é, a inteligência, o físico e o espírito atuam em uníssono.

A palavra indivíduo significa não-dividido, integrado, e a biodança busca o indivíduo. Portanto, unicidade leva à saúde, e dissociação, à doença.

A metodologia do sistema biodança é constituída de exercícios específicos, aliados a estímulos musicais previamente estudados, guiados por uma explicação indutora. A vivência é promovida mesclando esses três elementos. O encontro com os companheiros de grupo é um instrumento terapêutico imprescindível para o objetivo metodológico.

Assim, o prazer, a integração, a harmonia e a plenitude são evocados pela vivência e se tornam agentes reforçadores desses sentimentos.

A renovação orgânica se dá pelo equilíbrio homeostático e pela regulação das funções biológicas. Com harmonia o organismo se autoregula orientando-se para os alimentos que fornecem as substâncias necessárias à manutenção da saúde; a mente ocupa-se da organização do raciocínio elaborativo e o emocional promove, serenamente, a vibração que dá colorido ao estado de viver.

Dessa forma, a biodança é a reconciliação com a própria vida e com o puro ato de viver. E, como a vida, ela também não se explica, se vive.

Por meio da biodança podemos perceber os modelos de sobrevivência que adotamos e o resultado disso é que vivemos mal, geramos tensões corporais, as doenças que temos, as perturbações orgânicas e emocionais. O que se procura facilitar é o aprendizado de novas respostas emocionais a partir da nossa capacidade natural e verdadeira de sentir alegria, prazer, solidariedade e afeto, pois, com certeza, a pessoa que aprendeu a guardar tristezas para sobreviver terá dificuldade de se abrir para a alegria; aquela que aprendeu a guardar dor terá dificuldade de se abrir para o prazer; aquela que aprendeu a segurar o medo terá dificuldade de confiar, de se entregar afetivamente. É assim que nós passamos a aperfeiçoar a arte do mal viver: para sobreviver. Em termos da natureza real dentro de nós, somos fluídos, naturais e espontâneos. A biodança tem como objetivo o resgate dessa fluência natural. A idéia é resgatar a sensação certa para vencer a linguagem dos bloqueios ou couraças adquiridos por condicionamentos nem sempre positivos. Esses bloqueios e couraças são justamente formados pela não-expressão ou expressão inadequada do conteúdo verdadeiro que o indivíduo sentiu, havendo então a retenção do impulso e da energia.

Para resgatar nosso fluxo, temos de perceber o movimento dentro de nosso organismo. Toda vez que prestamos atenção em nosso corpo ou em um determinado ponto, parando para percebê-lo, carregamos para aquele ponto oxigênio, energia vital e calor. O movimento gera calor, excitação, vida enfim. Os distúrbios no fluxo da energia e no movimento acarretam os bloqueios ou as couraças energéticas cujo significado é mobilidade reduzida, ou até uma insensibilidade que se desenvolve como defesa, na medida em que houve a interpretação de que sentir pode ser perigoso. Exemplo disso são alguns casos de frigidez e impotência nos quais houve uma interpretação errônea a partir de uma educação sexual repressora, situação em que, normalmente, o indivíduo concluiu que suas sensações poderiam ser perigosas, pecaminosas, daí a defesa: melhor não sentir. A retenção no corpo de todos os bloqueios, invasões ou exigências externas, bem como necessidades não atendidas, gera os bloqueios no sentir, ou seja, os pontos de resistência e os vazios emocionais.

O indivíduo não atento ao corpo geralmente tem medo de perceber ou experimentar os sentimentos. Sentimentos de ameaça são suprimidos por meio de tensões musculares crônicas, que não permitem nenhum fluxo de excitação ou movimento espontâneo, e aí está o resultado, que é quando o indivíduo não se percebe, não se sente, não se conhece porque não está em contato consigo mesmo. Não basta estar consciente do bloqueio, é preciso trazer a atenção para a parte bloqueada e alinhar as energias.

A atenção localizada e a música que gera o movimento irão destensionar, liberar as energias paradas, relaxar e obviamente desfazer os programas mentais e os decretos incorporados para sobreviver.

Quanto mais vivo o corpo, maior a vivacidade e a alegria de estar no mundo. A falta de vivacidade acarreta o retraimento; assim, quanto maior a vivacidade, maior será a energia vital.

É importante ouvir a música, sentir o corpo a fim de acalmar a mente, soltar o controle consciente e deixar que o corpo flua em sua própria linguagem, emoção e necessidade.

Rolando Toro propôs uma nova abordagem denominada princípio biocêntrico: "tudo que preserva a vida, que nutre, protege e promove sua evolução, é bom. Tudo o que a destrói, bloqueia, desvia do curso evolutivo, é ruim".

O modelo teórico do sistema biodança perfaz uma espiral ascendente. A evolução dos potenciais genéticos se dá por meio de cinco canais de expressão, que Rolando chamou de linhas vitais: vitalidade, sexualidade, afetividade, criatividade e transcendência.

A música associada ao exercício e à instrução promove a vivência, o reforço positivo intrínseco que favorece o aumento, a qualidade e a manutenção do comportamento.

A proposta da biodança é reforçar a identidade única, o saudável, o que ficou, mesmo que escondido, camuflado em gestos ou estagnado pelo medo.

A metodologia é fundir-se em si, no outro e no cosmos.

A Biodança trabalha três principais couraças, formadas a partir de comportamentos inadequados, que são:

Cabeça e pescoço: o indivíduo segura a expressão do que sente, sua raiva, emoções, engolindo tudo e não deixando nada sair por medo de se expor; retém cobranças absurdas e preocupações.

Peito: as couraças nessa região significam retenção dos sentimentos, defesa, dificuldade de atuar no mundo, de se relacionar, falta de amor-próprio e sentimentos de inferioridade.

Pélvis/quadris: energia retida e contida por energia sexual reprimida, defesas sexuais, defesas quanto ao sentir gerando insensibilidade, falta de entusiasmo e paixão, falta de vitalidade e astenia.

E assim percebemos quanto a biodança está ligada à essência da metafísica, na qual buscamos basicamente uma conexão com nossa natureza, ou seja, o sentir verdadeiro.

Ao longo do tempo, a partir de minha experiência com a biodança, criei o projeto "Biodança — Equilíbrio Global", que engloba técnicas da biodança, bioenergética, gestalt-terapia e metafísica, justamente para promover o equilíbrio do organismo, mente e espírito de forma integrada, com o objetivo de resgatar a natureza verdadeira, o sentir espontâneo e genuíno. E posso garantir que os resultados são magníficos, com uma melhora fantástica de sintomas, insatisfações e tristezas, porque a pessoa se encontra consigo mesma e descobre uma nova maneira de perceber-se e ao mundo que a rodeia.

Trabalhar o sentir significa dar-se permissão interna para:

- Ser do seu jeito, único, individual.
- Respeitar-se, amar-se, com disciplina e fluidez.
- Ter paciência, que é o grande respeito para com sua própria natureza.
- Resgatar dignidade e amor-próprio.
- Respirar, com plena atenção no aqui-e-agora.

Lembre-se: quando estiver trabalhando com a biodança, respire, estufe o peito, coloque os ombros para trás, solte-se, caminhe e se permita ser o que é, afirmando: *Eu sou e me permito ser quem sou. Eu me aceito como sou.*

BIBLIOGRAFIA:

Textos publicados pela Sociedade Paulista de Biodança:

A terapia da ternura, Ângela Ribas.

Biodança — Equilíbrio global: cursos ministrados pela psicóloga Lourdes Possatto.

Técnica básica de soltura e centralidade

Coloque uma música relativamente calma e melodiosa; fique em pé com os olhos fechados. Procure inicialmente prestar atenção na sua respiração, para iniciar o processo de centralidade; vá percebendo seu corpo como um todo, depois cada parte do corpo, notando que partes estão mais tensas; depois disso, preste atenção na música e imagine que do aparelho de som saem notas musicais que chegam até você e se acoplam à sua aura, convidando-o para um balanço suave; imagine cordinhas amarradas em seu corpo e que elas o puxam e criam o movimento; coloque sua atenção na música, nos instrumentos; deixe seu corpo se movimentar segundo sua vontade, deixe o corpo entrar no embalo da música e se soltar do jeito que ele quiser, como se tivesse vontade própria, independentemente do que sua mente pensa. Solte-se, não pense no que está fazendo, simplesmente faça.

Envolva-se com a música sem pensar, apenas sentindo-se uno com o som, com as notas musicais e com o movimento. Esse é um exercício de centralidade, é o que eu chamo de meditação ativa, que confere muita harmonia, calma e relaxamento. Experimente!

O processo de centralidade é muito interessante porque nos faz perceber melhor o que está acontecendo em nosso íntimo. Por intermédio dele você poderá perceber algumas emoções mais claramente e poderá trabalhá-las com as técnicas de biodança.

Lembre-se de que o trabalho com as emoções envolve aceitação, reflexão e encaminhamento. A aceitação é literalmente isto: aceitar o que você está sentindo sem críticas, justamente porque você está sentindo, e tal sentimento tem uma mensagem para você.

Refletir é o segundo passo, assumindo responsabilidade. Por exemplo: você está sentindo raiva. Pergunte-se: *Quem ou o que está me causando raiva?* Lembre-se de que não pode modificar a pessoa que o está irritando, porém, você pode se perguntar: *Como é que estou me permitindo irritar a partir do que ele/ela me faz?*

Você concorda com essa pessoa? Realmente acha que é culpado? Perceba que sua própria condenação, além de não lhe fazer nenhum bem, é tão irritante como alguém a condená-lo injustamente. Perceba que o que alguém o faria sentir, você mesmo causa dentro de você, por meio de suas próprias atitudes condenatórias e críticas. Lembre-se de que se gostaria de obter a compreensão e o respeito dos outros, você é quem precisa se compreender e respeitar em primeiro lugar.

Trabalhando as emoções com a biodança

Por exemplo: suponha que esteja triste e que não consegue perceber a causa ou a linha de pensamento que está gerando essa tristeza. Utilize uma música suave, melodiosa e entre em contato com o que sente; a música sempre nos ajuda a entrar em contato com o que sentimos, uma vez que o foco é primeiro a música, depois as emoções, não os pensamentos.

Ou, voltando para o exemplo da raiva, para trabalhar essa emoção, utilize uma música agitada, sinta a música, bata palmas, bata os pés no chão e movimente-se impetuosamente, do jeito que sentir vontade, e descarregue essa energia raivosa. Depois, coloque uma música mais suave e deixe seu corpo embalar-se no ritmo dela, até você se sentir mais centrado e calmo. Veja a seguir outras sugestões.

Você não imagina como esse trabalho com música é benéfico, pois além de centralizá-lo, desfaz as energias paradas acumuladas pelas emoções não elaboradas e pela própria ansiedade.

No livro *É tempo de mudança*, nos capítulos "Como transformar a raiva em auto-afirmação", "Como transformar tédio e preguiça em entusiasmo" e "Como transformar a depressão em alegria de viver", sugeri técnicas de biodança. Porém, como não custa repetir, relaciono abaixo algumas técnicas e músicas para trabalhar e transmutar essas emoções.

Uma técnica de biodança muito interessante e que uso para trabalhar a raiva é, por exemplo, selecionar um *rock* pesado (*heavy metal*) ou alguma música bem intensa. Coloque a música, deixe-a chegar até você, sinta a música, sinta a raiva e expresse o que estiver sentindo da forma que o seu corpo tiver vontade: chutando, jogando os braços, "socando", pulando, xingando ou gritando. Depois, coloque uma música um pouco mais calma e expresse o que ela o faz sentir; em seguida, coloque uma música ainda mais calma, bem tranqüila e melodiosa, e trabalhe sua respiração. Imagine que está inspirando um ar azul ou violeta; imagine que está inspirando serenidade e limpeza; inspire profundamente pelo nariz e expire fortemente pela boca, jogando nessa expiração todas as sensações de angústia, tensões, coisas que incomodam e que você decide não querer mais. Pense ou fale: *Isso eu não quero mais.*

Estou jogando fora isso e isso, e quero agora inspirar calma, serenidade, autocontrole etc.

Sugestão de músicas que você pode utilizar: *5ª sinfonia* (Beethoven); *Bad* (Michael Jackson); *Morphine* (Michael Jackson); *Revolution* (Beatles); *Helter skelter* (Beatles); *Black dog* (Led Zepellin); *Communication breakdown* (Led Zepellin); *War machine* (Kiss); *Cold turkey* (John Lennon and The Plastic Ono Band); músicas do Prodigy ou *techno music* em geral. Faça sua própria experiência e depois me escreva contando.

Transformando a depressão por meio da música

A música é uma poderosa ferramenta que pode ser usada em quadros de depressão e em outros problemas em nossa vida. A música é energia, contamina, envolve, dissolve e modifica vibrações e padrões energéticos. É certo também que um determinado tipo de música pode até piorar um estado depressivo. Há exemplos disso, como o CD *Anti-Christ Superstar* (Marilyn Manson), e algumas músicas de grupos como Doom Metal, Death ou Trash, que, além de atrair uma energia vibratória muito densa e de padrão negativo, contêm mensagens subliminares que sugerem violência, degradação e suicídio. Músicas estilo "fossa", como alguns bolerões, também são terríveis para alguém depressivo. Quando eu fazia teatro, lembro-me de ter feito o seguinte laboratório: eu e meu grupo tivemos de ouvir boleros bem tristes e arrasadores por cerca de uma hora e meia; depois disso, o ânimo do pessoal ficou terrível, houve brigas e hostilidades gratuitas, daí pode-se avaliar o poder da música, alterando o estado de espírito. Na minha adolescência, quando me sentia "na fossa", adorava ouvir uma música do Johnny Rivers (*Something strange*) e de Bread (*Aubrey*), e chorava tudo o que podia. Portanto, vai aqui um alerta: não ouça músicas tristes, melódicas ou românticas demais se isso piora seu estado de ânimo.

O que quero sugerir aqui é que se utilize a música, o movimento e a dança como instrumentos de expressão de todas as coisas guardadas e contidas que fazem parte da depressão, bem como para resgatar sentimentos positivos de força e alegria.

Use a música para ajudá-lo a agir. Podemos utilizá-la como um velho e confiável amigo.

Proponha-se, então, gravar uma seleção de músicas com a finalidade de trabalhar sua depressão. Você pode escolher inicialmente algumas músicas que o ajudem a expressar seus sentimentos, mesmo que seja a sua tristeza. É importante limpar o que está acumulado. Algumas músicas podem embalar: imagine pegando a si mesmo no colo, dando um tempo. Talvez chore muito e com isso expresse as mágoas acumuladas. O choro é um limpador por excelência. Os soluços ajudam a desobstruir o chacra solar que acumula muito de nossas emoções reprimidas. Algumas sugestões: *She's leaving home* (Beatles), *Stairway to heaven* (Led Zeppelin), *I'm so lonesome I could cry* (B. J.Thomas), *Let your love go* (Bread), *Something strange* (Johnny Rivers), *Time* (Alan Parsons), *Liebestraum* (Liszt), *Sonata ao luar* (Beethoven), *Ave-Maria* (Schubert), músicas românticas do Roberto Carlos e outras músicas melódicas de que você goste. Reserve algum tempo em que sabe que não será incomodado e entre em contato com tudo de triste que está aí guardado e expresse esses sentimentos. Com a música talvez possa escrever o que sente, ou mesmo desenhar. Talvez queira ou sinta vontade de expressar tudo o que pensa imaginando uma determinada pessoa à sua frente e falando com ela. Trata-se de um exercício muito produtivo, pode crer!

Uma segunda seleção musical já envolve músicas mais agitadas, que joguem fora e expressem suas mágoas, frustrações, raivas e revoltas, emoções sempre presentes num estado depressivo. A seleção sugerida no capítulo "Transformando raiva em auto-afirmação", do livro *É tempo de mudança*, e relacionada anteriormente no trabalho para a raiva, também pode ser usada agora. Vá ouvindo as músicas e deixe-se expressar sua raiva pelas pessoas e situações, bem como suas revoltas, as frustrações pelas coisas que não deram certo etc.

Uma terceira seleção musical envolve músicas com conteúdo terra, ou seja, que resgatem alegria, firmeza e determinação. Músicas xamânicas, batuques africanos e sons de tambores estilo taiko são excelentes para isso. Sugestões de CDs: *Sacred Spirit Yeha Noha*, *Spirits of New Age 1 e 2*, *Spirits*, *Feet in the Soil* (James Ascher), *Filhos do Vento* (Daniel Namkhay), *The Best of Vangelis* (Vangelis). As que foram sugeridas no capítulo "Transformando preguiça e tédio em entusiasmo", do mesmo livro citado acima, também podem ser usadas aqui.

Enfim, essas são somente algumas sugestões e você pode fazer sua pesquisa e escolha pessoal. Existem seleções de músicas brasileiras excelentes e que eu adoro, como as de Elis Regina, Gal Costa, Simone, Tim Maia, Ivan Lins, Chico Buarque, MPB4, Gonzaguinha (ouça a música *O que é, O que é*, analise a letra, solte-se com ela, sinta o seu efeito); Milton Nascimento, Beto Guedes e outros maravilhosos compositores e intérpretes. E quanto à música clássica, temos aí uma infinidade de composições maravilhosas para os mais variados propósitos. O mesmo vale para a música *new age* e para a *world music*. Dentro da *new age* posso sugerir Enya (*The Best of Enya*), Era (*Era*), Kitaro (todos os seus CDs são fantásticos), Vangelis (idem), Mars Lasar (*The National Park*), Andreas Vollenweider (*Kryptos*), Yanni (*Port of Mistery*). A música *new age* brasileira também tem músicos brilhantes, como, por exemplo, Aurio Corrá, Corciolli, Marcus Viana, Grupo Yanur, Daniel Namkhay e outros igualmente muito bons.

Aqui vai um conselho: habitue-se a ouvir músicas e a sentir o que elas lhe transmitem. Anote-as, se possível, a fim de utilizá-las em alguma seleção especial para trabalhar suas expressões e sensações emocionais. Verá que efeito incrível e que mudança energética você conseguirá. Procure gravar fitas ou CDs com um mesmo estilo musical, ou com pelo menos uns vinte minutos de músicas semelhantes, para que você possa se soltar efetivamente nessa energia. Faça a sua própria experiência e me conte depois.

Particularmente, adoro *rock*, *heavy metal* e *pop rock*, e bandas como Led Zeppelin, Iron Maiden, Creedence Clearwater Revival, Beatles, Queen e Rolling Stones têm músicas movimentadas e excelentes não só para trabalhar as expressões de raiva, mas também canções alegres e energizantes que vão gerar em você vibrações positivas.

Há muito tempo venho pesquisando os estilos de música e praticamente gosto de todos. E tenho percebido que as músicas podem ser classificadas dentro de elementos ou linhas vitais. As músicas do elemento terra proporcionam o trabalho com a alegria, perseverança, firmeza e determinação; as músicas do elemento água trabalham a expressão afetiva e amorosa, e mexem com sentimentos profundos, limpando a tristeza, os traumas e criando auto-estima; as músicas do elemento fogo propiciam entusiasmo, energia, vitalidade e sensualidade; as músicas do elemento ar facilitam o contato com o espiritual, ajudam a estabelecer metas e propósitos claros, bem como a trabalhar fluência e integração. No entanto, ficaria muito extenso exemplificar aqui esse processo.

Existem algumas músicas que têm em si o elemento fogo e que podem ser usadas para ajudá-lo na descoberta e expressão do seu entusiasmo. Ouça músicas que levantem o astral. Cada um tem seu gosto, porém, gostaria de sugerir algumas músicas, como *Bolero* (Ravel), *5ª sinfonia* (Beethoven); *Tocata e fuga* (Bach); *Finlândia* (Sibelius); *Grande marcha de Aida* (Verdi); *Pomp and circumstance* (Elgar); *Lendas dos bosques de Viena* (Strauss); *Carmen* (Bizet); *Dança ritual do fogo* (De Falla); ritmos latinos estilo salsa (*Maria, Maria* com Rick Martin); *Mask* (Vangelis); *State of independence* (John Anderson-Vengelis); *Deliverance* (Yanni); CD *Sacred Spirits*; CD *Spirits*; *Danúbio azul* (Strauss); *Concertos de Brandenburgo* (Bach); abertura de *Guilherme Tell* (Rossini); músicas árabes, estilo dança do ventre, e músicas ciganas também trabalham o entusiasmo pela energia que transmitem.

A técnica é sempre esta: fique em pé, solte um pouco o corpo, feche os olhos, coloque sua atenção na música, sinta-a, imagine que as notas musicais tocam em você e o convidam a soltar seu corpo, de acordo com a vontade dele, não da sua cabeça; entre em contato com o que sente e expresse o que sente com o corpo todo. Não pense em dançar de forma convencional, tente soltar o corpo e deixá-lo se movimentar do jeito que ele quiser. Sinta-se uma espécie de médium da música.

Faça isso e perceberá uma mudança interessante no seu padrão de energia. Uma coisa é certa: depois disso perceberá que sua ansiedade foi embora, idem para o estresse; você se sentirá mais leve e solto. Reserve um tempo diário para dançar, OK?

Deixemos que a música nos envolva e nos transporte,
Nos sustente e nos bamboleie, nos guie,
E nos embale mansamente, nos surpreenda,
E nos ensine seus enigmas e mistérios.

Sintonia

Há uma energia no ar,
Uma profunda sintonia não-verbal,
Além da linguagem e de qualquer expressão.
Há uma comoção, uma emoção
Só traduzida e integrada no sentir,
Na plenitude de um abraço, um toque,
Um olhar sorrateiro, quase fugaz.
Há uma sintonia, afinidade, alma-alma,
Muito além de considerações terrenas,
De idade, tendências sexuais ou preferências.
Há uma integração só sentida no tocar,
No trocar, no sentir do corpo-compartilhar.
Um encontro ou reencontro
Muito mais abrangente, além do tempo,
E que permanece na vivência, no SER,
No momento, no eterno aqui-e-agora.
Tempo, momento, não-tempo,
Eternidade...
Só possível, só persistente, só permissível
Se houver de fato o entregar-se ao
Simplesmente se permitir sentir...
Portanto... sinta... Não pense... Seja! Viva!

Lourdes

Meditação — Técnicas

Meditar é refletir.
Refletir é enxergar.
Enxergar é admitir.
Admitir é agir.

Agir é mudar.
Mudar é evoluir.
Evoluir é vencer toda a força
Destrutiva que insistimos
Em expressar todos os dias.

Para mim, o significado da palavra meditação é ditar para mim, e podemos considerar que, na realidade, meditar é estar em contato com o centro do ser, com aspectos transcendentais do ser que somos e que não são acessados facilmente pela mente racional, no estado de vigília normal. Há, portanto, a necessidade de fazer silêncio e de conferir calma à mente para que ocorram essas sensações transcendentais, bem além da mente racional, para que haja um contato correto e puro com o *self* ou com o Eu Superior, natureza interior ou Deus interior. Não importa muito o nome, o importante é o que se sente. E nesses estados meditativos realmente encontramos paz interior, bem como chegamos à solução de inquietudes, de problemas que nos afligem, e temos *insights* e compreensões interessantes sobre as grandes verdades universais e sobre nossa própria natureza, que convive dentro do Todo; é o momento em que saímos do eu-ego para sermos e contatarmos o eu-real.

A meditação é considerada o método mais antigo para tranqüilizar a mente e relaxar o corpo, e tem como objetivo desenvolver a capacidade de concentração e enriquecer nossa percepção.

Essencialmente, a meditação envolve o treinamento sistemático da atenção por meio do fortalecimento do que comumente chamamos de "músculo da atenção". É como o fortalecimento de um músculo num movimento, pois cada vez que sua mente se afasta da sua respiração ou foco de meditação e você a traz de volta, estará fortalecendo sua atenção para colocá-la no foco que estipular, ou seja, no aqui-e-agora. Quanto mais exercita um músculo, mais forte ele fica, certo? Assim também funciona com a atenção. O ideal seria praticar todos os dias, pois isso conferirá o treino necessário para que você consiga finalmente silenciar sua mente racional e acessar o seu interior.

O objetivo primordial é acalmar a mente, trazendo maior percepção e centralidade no aqui-e-agora, que é o verdadeiro antídoto para a ansiedade. Como já foi explicado anteriormente, as pessoas cronicamente ansiosas possuem um padrão específico de reação a estresses psicológicos, como por exemplo: acontecimentos ou situações difíceis, pensamentos de preocupações ou medos, ou seja, o corpo se mobiliza para enfrentar o desafio e não consegue parar quando este termina. Só que, como já foi dito, às vezes o problema ou desafio está apenas na cabeça da pessoa, sob a forma de pensamentos fantasiosos. Vale a pena lembrar que a tensão inicial que se forma dentro do indivíduo é necessária, pois permite que este concentre sua energia e percepção para lidar com uma ameaça em potencial e agir convenientemente, mas passado o perigo, o corpo deveria relaxar, a fim de recuperar as energias gastas e reunir forças para enfrentar o próximo estresse. O fato é que a pessoa ansiosa enfrenta os acontecimentos normais da vida como se fossem crises constantes, justamente por trazer em si os decretos emocionais e crenças que detonam a ansiedade. De qualquer forma, cada pequeno acontecimento aumentará a tensão, e essa tensão, por sua vez, transformará o acontecimento normal seguinte — coisas simples como prazos a cumprir, uma entrevista de emprego, um simples imprevisto ou uma compra não programada — em ameaça, pois como o corpo de uma pessoa ansiosa permanece totalmente tenso após ter transcorrido o acontecimento que o mobilizou para a resposta de enfrentamento ou fuga, ela fica com uma menor defesa contra a situação que vem em seguida, uma vez que continua sob tensão generalizada, com seu organismo todo estressado. Se voltasse ao estado de destensionamento, com sua percepção devidamente centrada, essa pessoa transporia mais facilmente o segundo acontecimento, pois lidaria melhor com ele.

Pesquisas revelam que o indivíduo que medita regularmente lida bem melhor com os acontecimentos estressantes, uma vez que consegue romper a resposta condicionada de enfrentamento ou fuga. Depois de um desafio ter sido superado, ele relaxa com muito mais freqüência e facilidade que o indivíduo que não medita, o que evita o desenvolvimento de pensamentos catastróficos e de dramas desnecessários. Ele percebe a ameaça real com mais exatidão e reage com a mobilização somente quando necessário. Após a mobilização, a recuperação rápida o torna menos predisposto a encarar o próximo acontecimento como uma ameaça catastrófica, como acontece com uma pessoa ansiosa e estressada.

Efeitos importantes do relaxamento e da meditação:

- Repouso profundo do corpo, enquanto a mente se mantém alerta.
- Diminuição da pressão sanguínea.
- Diminuição do ritmo do coração.
- Recuperação do estresse.
- Controle e cura de sintomas psicossomáticos, como dores de cabeça, dores nas costas, hipertensão e ansiedade.
- Diminuição e melhor controle das dores crônicas.
- Reforço do sistema imunológico (defesa do organismo contra bactérias, vírus e câncer).
- Paz interior (menor sensibilidade à turbulência do dia-a-dia).
- Calma e energia para enfrentar melhor os desafios da vida.
- Aumento da resistência a gripes e resfriados.
- Combate e controle de doenças cardíacas (alívio de dores, angina e arritmia; diminuição dos níveis de colesterol).
- Melhoria e controle da asma e de outras doenças respiratórias.
- Combate aos efeitos colaterais de tratamentos como hemodiálise e quimioterapia, bem como de desordens gastrointestinais, insônia, enfisemas e doenças de pele (controle da irritação).
- Melhora do acesso ao inconsciente (facilita o resgate de potenciais naturais e o trabalho psicoterápico).

Efeitos da meditação no cérebro:

- Treina a capacidade de percepção.
- Aperfeiçoa a habilidade de centralizar e prestar atenção no que está acontecendo em seu ambiente, em vez de deixar a mente se dispersar. Com a percepção centrada, haverá um ganho no processo de concentração e memória, porque ao estar no aqui-e-agora de fato, reterá melhor os fatos; ocorrerá também uma melhora nos relacionamentos de modo geral, uma vez que o indivíduo conseguirá

estabelecer uma relação maior de espontaneidade e empatia, pois ao prestar mais atenção ao que a outra pessoa está fazendo e dizendo, conseguirá captar melhor as mensagens transmitidas, verbais ou não-verbais, e corporais, melhorando assim a comunicabilidade e a compreensão.

- Acalma as emoções, dessa forma o indivíduo saberá lidar melhor com elas, elaborando-as de maneira mais saudável. Trata-se do processo de observação de si mesmo, no qual a ação ocorre com bom senso, sem impulsividade.

Para meditar de forma passiva, dê preferência a um lugar onde ninguém possa perturbá-lo. Estabeleça um local e horário em que não corra o risco de ser interrompido. Para meditar de forma ativa, mantenha a atenção em si mesmo. Caminhe de preferência sozinho e sem conversar, pois do contrário gastará energia e dispersará a mente. Se estiver usando como meditação ativa alguma técnica de biodança, dance sozinho, prestando atenção na música e no seu corpo.

Outrossim, um aspecto importante da meditação é a consciência do respirar. A respiração é o canal da consciência, pois se comunica com os dois hemisférios cerebrais, equilibrando a mente. Exemplo disso é quando você está super nervoso com algo que está acontecendo e nesse momento o seu hemisfério esquerdo está atuando; se parar para respirar profundamente e contar até dez, estabelecendo contato com o que sente, mudará a atuação do hemisfério esquerdo para o direito, o que facilitará sua percepção do acontecimento; da mesma forma, sua sensibilidade poderá entrar em ação e interromper, por exemplo, sua ação impulsiva de ataque e fúria. A bioenergética propõe que, diante de qualquer desafio ou atividade que exija precisão, é importante respirar profundamente pelo menos três vezes, para adquirir centralidade e regular as funções cerebrais. O ato de respirar talvez seja a atividade que mais praticamos, e como dado informativo, saiba que respiramos cerca de 24 mil vezes por dia, mesmo que não estejamos conscientes disso — e mesmo que não prestemos atenção no processo dinâmico da respiração, o inspirar, o expirar e o intervalo entre esses dois acontecem automaticamente. Isso é a vida em nós, natural, fluida. Ao meu ver, o respirar e a circulação do sangue em nossas veias e artérias são os grandes representantes do processo de fluidez natural em nosso corpo, daí o tremendo ganho nos processos circulatórios quando acalmamos nossa respiração e, com isso, as batidas do coração diminuem naturalmente. Não é interessante?

Segundo a maioria dos autores, um dos grandes obstáculos à meditação é a nossa excessiva identificação com nossos pensamentos. Ouço muito as pessoas me dizerem: *Como não pensar? Não consigo parar de pensar nisso ou naquilo*, como se não tivessem o menor domínio sobre sua mente, achando que os pensamentos é que as dominam, e não sentem que o contrário seja possível, isto é, dominar os pensamentos e mantê-los sob controle e vigilância. De fato, achamos que somos nossos pensamentos, o que não é verdade, assim, precisamos trabalhar a idéia de desidentificação.

Reflita: *Não sou os meus pensamentos. Tenho pensamentos mas não os sou, nem sou minha mente. Sou a essência que contém e está acima disso tudo.*

Imagine-se como um observador de seus pensamentos, ou como um maestro que observa a orquestra e decide quem vai tocar primeiro ou quem vai silenciar por alguns momentos. E saiba que isso é possível, sim — é só uma questão de treino.

O ideal é treinar essa desidentificação durante o próprio treino de meditação — e não estabelecer regras complicadas para meditar. A postura ideal é a que deseja encontrar-se consigo mesmo e recordar-se que existe um eu interior que está lá no fundo e que é sábio e tranqüilo, pois ele é seu *self*, sua alma, e contém todos os seus potenciais. Diariamente, tente trabalhar a idéia da mente vazia. Não estipule um tempo longo: algo como alguns poucos minutos já está bom para começar. Não entre em competições com outras pessoas, não se compare, não crie complicações como a melhor maneira de colocar as pernas, se em posição de lótus ou não. Esqueça tudo isso; não complique e permita-se descobrir seu próprio e melhor jeito.

Segundo Daniel Goleman, autor do livro *Inteligência emocional*, "é bom atentar para os detalhes da preparação para a meditação. Uma cadeira confortável, de encosto reto, num cômodo tranqüilo". Sente-se reto, porém relaxado. Mantenha a cabeça, a coluna e o pescoço alinhados. Manter a cabeça na vertical ajudará sua mente a ficar alerta, e estar alerta é essencial durante a prática da meditação. Feche os olhos e mantenha-os fechados até terminar.

Daniel Goleman acha que se pode começar com quinze minutos e ir aumentando gradativamente o tempo, até chegar a uma hora de prática.

Deepak Chopra sugere que se medite meia hora duas vezes por dia, de preferência contemplando uma bela natureza ao nascer e ao pôr-do-sol.

Penso que é você quem deve decidir quanto tempo planeja ficar meditando antes de começar. Assim não ficará tentado a fazer algo "urgente" ou "mais útil". Particularmente, acho que o tempo ideal é aquele que você quiser estipular, desde que o processo em si não seja desagradável ou cansativo, ou que esse ato se transforme em uma bela obrigação. Lembre-se de que por mais interessante que seja alguma coisa, se passar a ser feita de forma obrigatória, ela se tornará sem graça, e você logo desistirá, acabando por não realizá-la.

Dessa forma, queira simplesmente tentar começar — e faça disso uma opção, não uma obrigação.

Daniel Goleman afirma "que o êxito final da meditação — o nirvana — só é possível quando o meditador desenvolveu sete fatores de iluminação num grau elevado: atensividade, sabedoria, energia, êxtase, calma, concentração e serenidade".

Talvez você não queira se aprofundar tanto; o importante é começar a treinar esse silêncio mental todos os dias, justamente para poder criar um contraste com sua mente tagarela e agitada.

Enfim, creio que para atingir alguns dos objetivos anteriormente citados, é preciso começar, e para isso é necessário querer meditar, reconhecendo o benefício de tal prática e o principal aspecto por trás dela: o encontro consigo mesmo, ou seja, com sua essência.

De acordo com Nuno Cobra: "precisamos aprender a respirar, depois a relaxar; depois a nos interiorizar, nos aceitar, estar com nós mesmos, e isso tem que ser prazeroso".

Concordo em número, gênero e grau, pois na maioria das vezes, as pessoas fogem de si mesmas: chegam em casa, ligam o rádio, a televisão, pegam o telefone para ligar para os amigos, como se o fato de estarem consigo mesmas fosse a pior coisa do mundo; como se fosse um padrão que a pessoa aperfeiçoa a cada dia, fugindo de si mesma, talvez para evitar entrar em contato com o que acha que está ruim demais em sua vida ou com seu vazio interior — ou mesmo com suas sensações desagradáveis. O correto seria justamente o contrário, ou seja, em vez de fugir, entrar em contato com seu interior e aceitar o que sente, prestar atenção em suas sensações, porque o que sentimos, ou seja, nossos sintomas, dores e insatisfações, SEMPRE estão querendo nos dizer algo, informando-nos sobre o que estamos pensando, o que estamos fazendo, e sobre as conclusões fatais a que chegamos.

Então, veja bem, não é para fugir, mas para entrar em contato, ouvir as mensagens, e para isso você precisa ficar quieto, certo? Logo, meditar facilitará justamente a percepção e compreensão dessas posturas mentais e padrões de crenças.

Para facilitar o treino do ato de meditar, temos de colocar um foco de atenção, por exemplo: prestar atenção em nossa respiração, ou em um objeto, em um ponto qualquer, ou na natureza; o importante é definir um foco de atenção para chegar ao silêncio mental.

Podemos ter também como foco a nossa voz, ao entoarmos um mantra, por exemplo. De acordo com Hazrat Inayat Khan, indú, sufi e professor de música, (1882-1927), há um grande poder na voz e na música dentro do processo de meditação. Ele diz que "a voz não é apenas a indicação do caráter do homem, mas também a expressão do seu espírito. A voz não é apenas audível, mas também visível. Ela causa impressões nas esferas etéreas".

Talvez seja por isso que se diz que as palavras têm poder, não é mesmo? Os hindus dos tempos antigos afirmavam que as três artes principais eram o canto, a execução de instrumentos musicais e a dança. Por meio desses três aspectos pode-se atingir a espiritualidade de uma forma mais rápida que qualquer outra. E a música? Ela nos ajuda a treinar nossa própria harmonia, e é nisso que repousa o segredo que está por trás da música. Quando você ouve uma música que lhe agrada, ela entra em sintonia com você e o coloca em harmonia com a vida. O que existe de maravilhoso na música é que ela ajuda o homem a concentrar-se e a meditar independentemente do pensamento. Interessante não? O canto, a dança e a execução de instrumentos musicais nos levam a uma centralidade meditativa. E é fato que a dança e a música fazem muito bem ao nosso ânimo.

Técnicas sugeridas — Respiração

A técnica mais comum é a meditação focada no ato de respirar, que cultiva tanto a concentração como a atenção. Procure sentar-se num lugar calmo, com as costas retas. Para começar, dirija sua consciência para a respiração, atentando para cada inspiração e expiração. Tente ficar atento ao processo de respirar, mas não tente controlá-lo. Apenas observe. Faça silêncio em sua mente; isso não significa não pensar — aliás, se disser para si mesmo para não pensar, não conseguirá fazê-lo e acabará dando ainda mais força aos seus pensamentos. O correto é deixar os pensamentos ir e vir, observá-los e não lhes dar maior importância. Cada vez que perceber que sua mente se dispersou, conduza-a gentilmente de volta para o foco da respiração. Durante a meditação, tenha em mente que seu contato com você mesmo se dará por meio da sua respiração, e que qualquer coisa diferente disso, ou seja, pensamentos, planos, lembranças, sons e sensações, deve ser interpretada como distrações.

Mantras

Outra técnica de foco ou concentração bastante usada é a dos mantras. Em sânscrito, "man" tem relação com mental, significa ter em mente, pensar etc.; "tra" é usado para a formação de substantivos que designam instrumentos ou ferramentas. Portanto, "mantra" é um instrumento que produz algo em nossa mente, ou melhor, é um instrumento que auxilia a mente a se ligar a uma determinada vibração e a uma determinada faixa de onda. O mantra não pode ser traduzido, pois perderia sua vibração original. O que se deve ter em mente é o significado do mantra e sua finalidade, sem se importar com a tradução de cada palavra.

Todas as tradições espirituais as empregam — cristianismo, budismo, islamismo, judaísmo, hinduísmo. Escolha uma palavra ou um som simples que tenha um significado positivo para você. Muitas pessoas escolhem uma frase com um simbolismo espiritual, como "Adonai", "Kyrie eleison", "Aleluia", "Jesus", "Amém", por exemplo. Outras palavras utilizadas são NADA, SILÊNCIO, VAZIO, ou qualquer outra que, para você, tenha um significado positivo e interessante. Uma vez escolhido o mantra, as indicações são semelhantes às da meditação focada na respiração: sente-se calmamente e repita seu mantra mentalmente, sem emitir som nenhum. Cada vez que a mente se dispersar, traga-a de volta para o mantra, veja-o escrito mentalmente à sua frente. Experimente também praticar cantando ou falando o mantra, e procure sentir o que é mais eficaz para você.

Vejamos o significado de alguns mantras mais conhecidos:

- "AUM", "OM", significa o som primordial, o som que nos leva às origens, pois é a origem, o meio e o fim de tudo.
- "So Ham", significa Eu Sou.
- "Hamsa" , ajpa mantra ou mantra inconsciente. Ham = Eu Sou; Sa = Ele, Eu Sou Ele, Eu Sou Brahman.
- "OM Mani Padme Hum", cujo significado é a Jóia da Flor de Lótus.
- "OM Namah Shivaya", acalma a mente, proporciona bem-estar, felicidade e desapego.
- "OM Shanti", proporciona paz.
- "OM Tat Sat", proporciona a consciência da suprema verdade absoluta.
- "LAM", som ligado ao chacra básico (muladhara).
- "VAM", som ligado ao chacra esplênico (swadhisthana).
- "RAM", som ligado ao chacra solar (manipura).
- "YAM", som ligado ao chacra cardíaco (anahata).
- "HAM", som ligado ao chacra laríngeo (visuddha).
- "OM", som ligado ao chacra frontal (ajna).
- "SAM", som ligado ao chacra coronário (sahasrara).

Sons mântricos harmonizadores		
Mantra	**Nota musical**	**Finalidade**
A	lá	Pulmão
E	do	Garganta
I	mi	Cabeça/rins/corpo em geral
O	fá sustenido	Coração
U	ré	Intestinos
RA	lá	Criatividade
MA	lá	Desperta a afetividade, o amor
AUM	lá	Harmonia (saúde)
QUE-I	mi	Calmante
E IN	mi	Calmante
FO	fá sustenido	Estimulante
RA-MA	lá	Proteção a doenças

Outros métodos de meditação mais avançados ensinam que, depois que você estiver praticando bem com a respiração, você pode começar a prestar atenção na sua própria mente e perceber seus movimentos, suas distrações. Isso se desenvolve depois para o comer, o andar, e para todas as atividades da vida, a fim de poder perceber finalmente as intenções antes de realizar o gesto.

Experimente praticar por cinco minutos a observação do ato de comer. Comece a observar a cadeira em que está sentado, depois observe e presentifique a mesa, o prato, cada talher, a comida no prato; perceba a movimentação de suas mãos e braços ao pegar os talheres e cortar ou apanhar um pouco da comida que está no prato, levando-a a boca em movimentos muito lentos, atentos; sinta o gosto da comida em sua boca, o mastigar, a parte da língua que sente mais o gosto salgado ou doce, a saliva, o processo de engolir. Esse é um ritual de centralidade no qual toda sua atenção está voltada para o ato que está praticando no momento. É interessante justamente porque, se ficássemos mais no aqui-e-agora do ato de comer, por exemplo, creio que não comeríamos por ansiedade ou por pura gula, e o estômago seria sentido mais claramente, a fim de percebermos a real saciedade. Vale a pena experimentar e depois estender essa observação atenta e centralizada a outras atividades do nosso dia-a-dia.

Osho afirma que nossa mente é extremamente tagarela, e que como uma pessoa tagarela, não se cala facilmente. Creio que da mesma maneira que podemos lidar com uma pessoa tagarela — não lhe dando atenção —, também podemos lidar com nossos pensamentos persistentes, catastróficos e medrosos, ou seja, não devemos lhes dar maior atenção. Por falta de reforço, eles acabarão se desvanecendo.

Tive uma paciente que tinha uma técnica interessante: ela gritava *Chô, chô* para seus pensamentos chatos, deprimentes e inconvenientes, meio que espantando-os. Outra paciente, diante do espelho, olhava-se firmemente nos olhos e se dava uma ordem clara: *Pare, OK? Definitivamente, NÃO vou ouvir. Tchau!*

Você pode experimentar, por exemplo, dizer enfaticamente para sua mente tagarela: *Pare! Silêncio! Psiu!* Tente e registre o que sente.

Acho interessante que, ao tomar consciência de pensamentos que estão causando desconforto, o que por si só traz a mensagem clara de que não são bons pensamentos, o ideal é tomar a decisão firme de não querer prestar atenção neles. Como disse anteriormente, por falta de reforço, ou seja, de atenção, eles irão embora, e é exatamente nesse momento que você deve colocar boas coisas em sua mente, certo?

Alfagenia — Técnicas

Serenamente cruzo as mãos e espero.
Pouco importa o vento, a maré ou o mar.
Não me insurjo contra o tempo ou contra o destino,
Porque o que é meu às minhas mãos virá.

Alfa é um estado de relaxamento cerebral ou um estado alterado de consciência pelo qual passamos várias vezes por dia sem nos darmos conta. E as técnicas de alfagenia são técnicas por meio das quais podemos conduzir conscientemente nosso cérebro ao estado alfa, e são utilizadas com vários objetivos, como, por exemplo: adquirir um bom controle mental, serenidade e tranqüilidade, bem como para visualizações criativas, para o controle e cura de estados emocionais e doenças, e para o aumento do poder mental e de fenômenos psíquicos.

Os quatro ritmos de onda cerebral que levamos em consideração no controle da mente são beta, alfa, teta e delta. O instrumento mais comumente usado para medir essas ondas é o eletroencefalógrafo (EEG), que controla e registra graficamente as correntes elétricas emitidas pelo cérebro. As ondas cerebrais são medidas pelo EEG em ciclos por segundo, e isso se refere ao número de ciclos registrados no aparelho ao captar as correntes elétricas ou ondas cerebrais.

- *Ondas beta:* 14 a 30 ciclos por segundo — ocorrem no estado de vigília, quando estamos completamente alertas e conscientes, com domínio e consciência de nossa atividade física, excitação, processos sensórios e percepção de sensações como medo, tensão, ansiedade etc.
- *Ondas alfa:* 8 a 13 ciclos por segundo — ocorrem no estado de pré-sonolência, em que há consciência passiva, calma, humor agradável, profundo relaxamento da mente e do corpo — até mesmo um entorpecimento deste.
- *Ondas teta:* 4 a 7 ciclos por segundo — essas ondas estão presentes no estado de sonolência, tranqüilidade profunda, euforia, relaxamento muito profundo e, não raro, inconsciência.
- *Ondas delta:* 0,05 a 3,5 ciclos por segundo — ocorrem no estado de sono profundo, desligamento total, inconsciência e sono.

Quando no nível de onda cerebral beta, o indivíduo acha-se completamente alerta e consciente. Achamo-nos em geral no estado beta durante nossos períodos de vigília ativa.

O estado alfa, para o qual entramos na auto-regulação (treino alfagênico), é o nível de onda cerebral que acessamos ao passarmos do estado de vigília beta para um nível de relaxamento físico e mental. Alfa se caracteriza por um estado relaxado de consciência, no qual a pessoa permanece completamente desperta, contudo, não toma conhecimento dos estímulos ambientais e das distrações físicas e emocionais. Podemos relacionar esse estado ao "pré-sono" ou ao "cochilo", por conta do comportamento passivo do indivíduo — tanto do ponto de vista físico como psicológico — que se encontra no estado de onda cerebral alfa. O estado alfa é um nível de completo relaxamento e consciência passiva, no qual nossa imaginação substitui nossa vontade. Assim, é o estado ideal para o trabalho de visualizações criativas.

Nos procedimentos de hipnose, o indivíduo é conduzido ao estado alfa, e em transe profundo permanece em teta, onda cerebral caracterizada por um relaxamento muito profundo, quase uma inconsciência, e no ritmo de onda cerebral delta estamos totalmente inconscientes e em sono profundo.

De acordo com o dr. Anthony Zaffuto, do Centro Alfagênico de Santa Bárbara, na Califórnia, Estados Unidos, as pesquisas sobre alfagenia têm revelado que, durante o estado alfa, a pessoa é capaz de:

- Acelerar o aprendizado.
- Curar doenças psicossomáticas.
- Aumentar a criatividade.
- Melhorar a memória.
- Experimentar a percepção extra-sensorial e outros fenômenos psíquicos.

Efeitos benéficos do treinamento alfagênico

A prática diária pode resultar nos seguintes efeitos benéficos:

- Diminuição do estresse físico e mental.
- Estabilização das funções cardíaca e respiratória.

- Aumento da velocidade dos reflexos.
- Aumento da capacidade de concentração.
- Aceleração da capacidade de aprendizagem.
- Capacidade de relaxar à vontade.
- Capacidade de controlar as pequenas irritações físicas.
- Harmonia mental, física, emocional e espiritual.

É importante sabermos que nossos estados de onda cerebral tendem a flutuar durante o período de vigília consciente normal e ocasionalmente entramos por acaso num dos níveis de onda cerebral de baixa freqüência (alfa ou teta). Esse é o momento em que, por exemplo, sonhamos acordados, ou temos sensações de premonição ou intuições — enfim, quando nossa sensibilidade parece ficar mais aflorada, com certeza nosso estado de onda cerebral é alfa. Percebemos, assim, que é comum que ocorram alterações de nossas ondas cerebrais sem que estejamos conscientes dessas mudanças.

Segundo alguns autores, o estado de super sensibilidade, intuição e iluminação ocorre quando os níveis de onda cerebral são de baixa freqüência.

Com certeza, o treinamento alfagênico nos ensina como sentir intuitivamente as energias inerentes ao nosso corpo e à nossa mente. Quando está em alfa, você tem uma percepção aumentada, com potencial para perceber aspectos não-materiais seus e do seu mundo. Uma vez realizada essa integração dos seus níveis de energia com o seu ambiente, você descobre um completo despertar e a expansão da sua consciência. Essa integração é o ponto principal do treinamento alfagênico; é a harmonia da mente e do corpo, do consciente e do subconsciente, do mundo externo da matéria e de nossos ilimitados potenciais de energia.

Alfa é considerado o estado de ausência de tempo e espaço, portanto ideal para regressões e telas mentais.

Como explicado na seção sobre relaxamento, a capacidade de evocar essa resposta existe naturalmente em nosso organismo. Assim também ocorre com o estado alfa, que é natural em nós, e não exatamente controlado pelo nosso lado racional, por conta dessa flutuação em nossos estados cerebrais sem nosso controle consciente.

Portanto, um dos pontos interessantes no treino alfagênico é que podemos nos induzir a entrar no estado alfa com consciência e de acordo com a nossa vontade, e por conta disso temos a possibilidade de constatar como nos sentimos melhor justamente pelas sensações de bem-estar e harmonia que derivam desse estado. Dizem os esotéricos que a Terra vibra em alfa e que o ideal seria que estivéssemos em alfa o tempo todo. Sem dúvida, creio que isso ainda é utópico, porém, com certeza, podemos nos propor tal treinamento a fim de criarmos uma maior harmonia consciente em nossa vida.

Por meio do treino alfagênico podemos evocar o estado alfa, desviando a atenção de todo estímulo externo e de toda distração mental desnecessária, ou seja, temos de manter um foco de atenção, como é sugerido na técnica a seguir, na qual o foco é a visualização de números relacionados às várias partes do corpo.

O nível de onda cerebral alfa não pode ser forçado, senão você continuará em beta. Você entra em alfa naturalmente — e apenas sem esforço ativo.

Evite analisar suas sensações à medida que penetra em alfa. A análise é contrária à indução alfagênica, e o pensamento voluntário vai bloquear as ondas alfa. Se estiver ativamente consciente, é provável que permaneça no nível de onda beta.

Poderá até não perceber que entrou em alfa ao praticar sua indução, mas terá consciência disso pouco depois de completar o exercício, pois ao retornar ao estado beta, você vai experimentar uma sensação de relaxamento, paz e harmonia.

Você poderá eventualmente sentir formigamento, entorpecimento ou ainda uma sensação de expansão durante o treinamento. Entenda que isso é normal por causa da expansão da sua aura e eventual deslocamento do seu corpo astral. Não fique com medo, apenas registre as sensações e deixe-se ir, sem exercer um controle consciente e rígido. Afinal, um dos aspectos gratificantes do treinamento alfagênico é a confiança maior que você pode adquirir em sua verdadeira natureza e sentir.

Indução alfagênica, tela mental e auto-hipnose

Existem outros tipos de indução. O método descrito abaixo é o que eu mais utilizo — e com excelentes resultados. Esse exercício consta do CD gravado por mim: *Ansiedade sob controle — Resgatando a autoconfiança* (Faixa 2).

Se você tiver dificuldade para visualizar os números ou imaginar que os está escrevendo numa parede imaginária, apenas pense neles, ou imagine-os vindo de longe e chegando até você. Procure focar um número de cada vez; esforce-se, pois já recebi comentários de pessoas bastante ansiosas que antecipavam os números, mentalizando-os em seqüência. Tente focar um número de cada vez e fique atento para a relação dele com a parte do corpo sugerida.

Sente-se ou deite-se com a coluna vertebral reta, porém sem rigidez; não escolha uma posição que induza o sono. A regra de ouro do treinamento alfagênico é o relaxamento sem que você durma, e uma completa liberação da sua mente e do seu corpo é a chave para ser bem-sucedido.

Feche os olhos. Faça algumas inspirações profundas. Proponha-se contar mentalmente de dez a zero, procurando imaginar que cada número está escrito numa parede imaginária à sua frente, e que a cada número você irá relaxar uma parte do seu corpo. Vamos lá?

Visualize o número dez; sinta e imagine que sua cabeça, couro cabeludo, testa e face estão se relaxando e soltando.

Visualize o número nove; sinta e imagine que seu pescoço, nuca e garganta se soltam e relaxam.

Número oito: solte o relaxe os ombros, soltando todos os pesos; sinta suas costas relaxando e soltando, vértebra por vértebra, músculo por músculo; sinta as costas totalmente relaxadas.

Número sete: sinta toda a extensão do braço esquerdo, desde o ombro até a mão e dedos, soltando-se e relaxando completamente.

Número seis: sinta toda a extensão do braço direito, desde o ombro até a mão e dedos, soltando-se e relaxando completamente.

Número cinco: relaxe e solte toda a musculatura do tórax e abdome, e sinta que a sua respiração é calma e tranqüila.

Número quatro: relaxe e solte toda a extensão da perna esquerda, desde o quadril, coxa, joelho, perna até o tornozelo.

Número três: relaxe e solte toda a extensão da pena direita, desde o quadril, coxa, joelho, perna até o tornozelo.

Número dois: sinta todos os músculos e ossinhos do seu pé esquerdo completamente soltos e relaxados.

Número um: sinta todos os músculos e ossinhos do seu pé direito completamente soltos e relaxados.

Número zero: preste atenção no seu cérebro e imagine-o como uma mão fechada que vai se soltando e se abrindo, relaxando e expandindo.

Nesse momento, coloque mentalmente que todo seu corpo se encontra perfeitamente relaxado e que todos os órgãos do seu corpo funcionam em perfeita harmonia. Determine para si mesmo que sempre que quiser atingir esse estado, perfeitamente calmo, solto e relaxado, basta contar de dez a zero.

Comece agora sua tela mental. Você pode imaginar uma tela de cinema ou de televisão à sua frente totalmente iluminada, e começar a visualizar uma imagem de si mesmo perfeitamente bem, saudável, no peso ideal, fazendo de maneira fácil, tranqüila e autoconfiante todas as coisas que gostaria de fazer. Visualize-se muito bem disposto, alegre e tranqüilo. Imagine-se em diversas ocasiões, coloque-se na tela atuando de maneira autoconfiante nas circunstâncias que normalmente tem medo de enfrentar.

O que você quiser colocar nessa tela para induzir sua mente é direito seu. Ressalto apenas que a tela mental deve ser feita para você mesmo, com objetivos honestos, nutritivos e saudáveis, justamente para ser coerente com a natureza verdadeira em você. Jamais dê início a uma tela mental incluindo ou induzindo terceiros a fazerem sua vontade — isso é desonesto, alteraria o rio da vida da outra pessoa e, além disso, você se meteria em apuros cármicos. Portanto, use seu bom senso. Use seu poder em prol de si mesmo.

Um exercício interessante e que denomino local de descanso consiste em você se projetar mentalmente numa natureza bastante agradável e bela; pode ser um local que já conheça ou que lhe venha à mente no momento. Coloque-se lá por alguns minutos, absorvendo as boas energias dessa natureza e se propondo mentalmente a ficar lá por, digamos, três minutos, que equivalerão a três horas de sono profundo e reparador. É interessante notar que, depois desse tempo, você voltará para o aqui-e-agora muito bem disposto e reenergizado, como se tivesse realmente dormido essas três horas.

Para retornar, proponha-se contar de um a cinco e coloque mentalmente que quando chegar a cinco, estará se sentindo serenamente alerta, muito bem disposto e tranqüilo, e que levará essas boas sensações para um resto de dia agradável, bem como pelos próximos dias. Conte um... dois... três... Acelerando o cérebro... quatro... Começando a mover aos poucos os dedos das mãos e dos pés, movendo a cabeça... cinco... Abrindo os olhos, localizando-se no aqui-e-agora e sentindo-se muito bem. Dê uma boa espreguiçada e volte às suas atividades normais.

Você pode, por exemplo, depois que estiver em alfa, projetar-se para um laboratório criado pela sua mente e imaginar-se tomando um remédio ou uma poção poderosa que irá aliviar e curar determinado sintoma. Não há limites para sua imaginação. Lembre-se apenas de usar o bom senso.

Você pode entrar em alfa e trabalhar com a auto-hipnose, colocando-se frases positivas para trabalhar suas dificuldades e problemas; e pode referir-se a si mesmo como EU, ou também como VOCÊ, conforme os exemplos abaixo:

Sugestão para alívio de tensões

- Você evita se preocupar com aquilo que não pode mudar.
- Você consegue evitar preocupações desnecessárias.
- Você consegue se ver como uma pessoa mais relaxada.
- É muito fácil para você relaxar.
- Você gosta de ser uma pessoa relaxada.
- Você tem um bom controle sobre suas emoções.

Sugestão para ansiedade

- Você está se tornando uma pessoa mais forte.
- Você evita cultivar sentimentos inúteis de medo.

- Você está livre de programações negativas do passado.
- Você está se tornando uma pessoa corajosa.
- Você tem controle sobre seus sentimentos.
- Você se sente bem consigo mesmo.
- Você consegue estar centralizado no aqui-e-agora.
- Você tem potencial para cuidar de si mesmo e se sentir bem.

Sugestão para dores de cabeça

- Sua cabeça está relaxada e leve.
- Você está se libertando do estresse mental.
- Você está se libertando do estresse emocional.
- Você tem controle sobre suas emoções.
- Você consegue evitar se irritar sem necessidade.
- Você consegue se manter calmo e sereno em diversas circunstâncias.
- Você está livre de todo e qualquer mal-estar e pesos em sua cabeça.

Sugestão para acalmar arritmias

- Sua respiração é calma e tranqüila.
- Seus batimentos cardíacos estão calmos e tranqüilos.
- Seus batimentos cardíacos se normalizam e acalmam.
- Você é uma pessoa normal e sadia.
- Nada nem ninguém podem afetar seu humor.
- Você pode permanecer centrado e sereno.

Sugestão para controle do peso

- Você consegue evitar comer entre as refeições.
- Você mastiga devagar e completamente.
- Você consegue selecionar e comer alimentos saudáveis e naturais.
- Você evita comer alimentos que contêm açúcar.
- Você gosta de si mesmo e quer parecer mais atraente.
- Você está disposto a emagrecer até atingir a meta desejada.

- Você consegue manter a meta desejada.
- Você consegue comer quantidades menores de comida.
- Você gosta de se ver magro.
- Seu intestino funciona perfeitamente.

Tomando como exemplo as sugestões acima, você pode criar uma programação mental para cada problema/aspecto que quiser trabalhar. Procure usar frases com palavras que lhe pareçam agradáveis. Crie frases positivas e evite usar o termo não, uma vez que o não reforça o inverso da proposta. Evite uma linguagem capaz de ter associações negativas para você. Se uma determinada palavra lhe traz à mente um pensamento desagradável, não a use. Conforme for dizendo as frases, vá imaginando o que a frase sugere, sinta vividamente os detalhes de cada sugestão. Veja-se na situação proposta. Com a prática, o processo se torna fácil e confortável.

Você pode gravar o exercício e a seqüência de frases com um intervalo entre elas para que haja tempo de visualizar o que é sugerido em cada uma delas.

Lembre-se de que adquirimos a maior parte de nossos hábitos e atitudes por um período de muitos anos. Ao trabalhar com a programação alfagênica, você deve se lembrar de que não adquiriu seus hábitos negativos de repente, portanto, não pode pensar que corrigirá um problema com uma única sessão de programação. Não desanime se não obtiver resultados imediatos. Entretanto, você vai descobrir que vários aspectos do seu comportamento começam a se alterar logo depois de iniciar o exercício. Descobrirá também que se sente mais relaxado e calmo, e é provável que se sinta repousado e que sua atitude geral se torne, com o passar do tempo, mais positiva.

Comece sua programação para alteração do comportamento trabalhando com pequenos problemas. Ao iniciar com questões menos significativas, você progride mais rapidamente, e essa melhora aumentará sua confiança na progressão do treinamento, encorajando-o a continuar trabalhando para obter modificações mais importantes. Ao superar pequenos problemas você elimina cada vez mais as pequenas distrações.

Quando estiver em alfa, você pode se propor refletir sobre algum aspecto importante ou decisão a ser tomada. Antes de iniciar a indução alfagênica, peça à sua mente profunda ou Eu Superior que o oriente sobre um determinado assunto; inicie a indução, e quando estiver em alfa, peça novamente orientação e reflita calmamente sobre isso. É muito interessante observar como chegamos a conclusões profundas, a *insights* que normalmente não apareceriam se estivéssemos em beta, justamente por conta das distrações emocionais, que não acontecem em alfa.

O ideal é que o treino seja diário. Quanto mais você treinar, mais perceberá que o tempo para entrar em alfa irá diminuindo. Depois de algum tempo será possível entrar em alfa em trinta segundos.

Como foi explicado anteriormente, o cérebro é um escravo e não sabe se o que você está pensando é real ou fantasia; ele capta suas impressões e mobiliza seu corpo para uma ação. Se por meio da ansiedade negativa podemos impregnar nosso cérebro de forma extremamente negativa e somatizar problemas em nosso corpo físico, por intermédio do treino alfagênico podemos impregná-lo de forma positiva e conseguir que essa positividade também passe para o nosso corpo e para a nossa vida.

Entretanto, há um aspecto bastante importante a ser considerado: nossa resistência à idéia de merecimento por causa das crenças que trazemos. Nos livros *É tempo de mudança* e *Em busca da cura emocional* expliquei claramente que quando fazemos mentalizações e afirmações, podemos levantar em nós idéias de resistências. Essas resistências aparecem como uma defesa do nosso eu emocional, que incorporou certas crenças que podem confrontar o que estamos mentalizando. Invariavelmente, tais resistências poderão vir à tona, e é bom que apareçam, porque assim você poderá tomar consciência delas e analisá-las, bem como decidir que não quer continuar a nutrir crenças erradas sobre si mesmo. É claro que o processo de autoconhecimento aqui é muito bem-vindo.

Assim, uma tela mental para ser materializada obedece a algumas regras, que consistem em:

> Pensamento gera imagem + desejo real + ausência de conflitos =
> Pensamento materializado

Dessa forma, a parte principal é a que se refere à ausência de conflitos, que consiste em tomar consciência das idéias de resistências, e para trabalhar esse detalhe é importante considerar a idéia do merecimento e do bem. Com certeza, a melhor maneira é conscientizar-se de que você possui uma natureza perfeita, com os potenciais ilimitados do seu inconsciente; além disso, considere que é filho de Deus, portanto herdeiro do universo. ELE está em tudo, logo, está em você também, certo? Sabemos que essa verdade costuma ser negada pela maioria de nós, por causa da idéia de separação e desamparo que acabamos absorvendo quando incorporamos crenças sobre a necessidade de controlar tudo e todos, como se tivéssemos esse poder. Não o temos, mas temos o poder de colocar a força do nosso pensamento onde queremos, e de fazer as opções que desejarmos. Esse é o real poder e que a maioria de nós usa mal, por conta dos decretos emocionais incorporados, nos quais fomos levados a crer que tínhamos de ser alguém que não somos. Enfim, temos apenas de ser o que realmente somos. É por isso que precisamos treinar sentir e ouvir nossa natureza, para sairmos da linguagem do ego e sermos mais autênticos, espontâneos e naturais.

Assim, reflita sobre a ligação que temos com tudo e perceba quanto Deus está em sua natureza, tão próximo a você, dentro de você, e falando com você por meio do seu sentir. Pense nisso e trabalhe seu autoconhecimento para perceber essas verdades, bem como seu real valor e levantar sua auto-estima, a fim de se sentir realmente merecedor de todo o bem do universo.

Ainda no estado de alfa, pode ocorrer o aumento da percepção extra-sensorial, e você poderá sentir-se mais sensível e perceptivo a algumas faculdades paranormais.

Certas propriedades psíquicas podem ser desenvolvidas e treinadas quando estamos no estado alfa, como as citadas a seguir:

- *Telepatia:* é a comunicação mente a mente independentemente da distância.
- *Clarividência:* é a propriedade de ver através de objetos opacos ou a uma distância que o olho comum não atinge; percepção da aura (formato e cores).
- *Clariaudiência:* é a capacidade de ouvir sons não audíveis ao ouvido comum ou vindos de outras dimensões.

- *Premonição/precognição:* é a propriedade de conhecer previamente o futuro.
- *Levitação:* é a propriedade de criar um campo de atração mais forte que aquele que a Terra exerce sobre os objetos.
- *Psicometria:* é a capacidade de, ao entrar em contato com um objeto de uma determinada pessoa, sentir e falar tudo sobre essa pessoa.
- *Psicografia:* é a capacidade de escrever, grafar mensagens oriundas de fontes como o inconsciente coletivo, de outras dimensões ou do próprio inconsciente (expansão da criatividade).
- *Cura a distância:* é a capacidade de transmitir energia para pessoas ou locais distantes de quem está emanando a energia.
- *Desdobramento do corpo astral:* é a propriedade de sair do corpo com consciência.

A indução alfagênica a partir do exercício com os números, proposto anteriormente, é apenas uma de inúmeras outras formas de entrar em alfa.

Como foi dito, podemos estar em alfa sem que estejamos conscientes disso, por exemplo: ao fazermos uma oração ou num momento de emoção profunda.

Independentemente do seu objetivo, a aplicação do controle mental é excelente para a auto-regulação do comportamento, da mente e do corpo. Faça sua experiência, vale a pena!

Comentários finais

Reflexões do Ser

Uma ansiedade — algo que quer sair
E que está bloqueando a entrada de grandes coisas.
Importante é que queiramos nos livrar do orgulho e da vaidade
E nos permitir expressar o que realmente somos,
E só expressarmos o que sentimos, espontaneamente.
Tomemos a consciência de que somos a essência da liberdade,
Somos a expressão da criação divina,
E não precisamos nos restringir.
Podemos amar sem preconceitos
E estarmos abertos para receber
Tudo o que a vida tem para nos dar.
Reflita: Eu Sou Deus em mim.
Somos deuses e podemos nos colocar
Abertos como uma flor
Que, em sua simplicidade e autenticidade,
Existe para ser o que é,
E dar o que tem e pode dar: beleza, perfume, alegria.
E receber o aplauso da vida pelo que ela mesma criou,
Integrando a criação, o produto do criador,
Integrando criador e criatura
No simplesmente se permitir ser.

Sejamos? Sim... Reflita sobre isso, assuma isso:
Eu Sou o que Eu Sou...
EU SOU, EU POSSO E EU QUERO!
Não há condições.
Não há limites.
Eu Sou Tudo!

Lourdes

Sonhos e Esperanças

Se sonho com muito, é porque o pouco que tenho já é suficiente.
Parece contrastante, porém, já tenho o sonho da sobrevivência.
Com alguma folga, já tenho o conhecimento mínimo de parte da vida,
Já tenho o sabor do sentimento doado e recebido,
Já tenho luz, água, fogo, vento, quinto elemento.
Tenho em mim que o Universo que vejo é tal qual o que me habita.
O que me forma é a mesma energia e, assim sendo, sou tal qual o que me formou,
Ou seja, sem pretensão, sou deus que ainda aprende
E que não pode estar em todos os lugares ao mesmo tempo,
Ainda que todo tempo seja relativo e eu possa nele me integrar,
E me sentir sendo maior que minha imagem no espelho
E nos olhos dos que me amam.
Se sonho com muito é porque, se tempo é relativo,
Quantias podem nem ser mensuráveis.
Quanto você quer de felicidade?
Quanto eu tenho de vida dentro de mim?
Se sonho com muito é porque em meu sonho cabem todos.
Careço de espaço, jamais de esperança... pois cultivo certezas!

Jotace

Neste livro você recebeu uma série de dicas, reflexões, técnicas e exercícios para o controle de sua ansiedade e de seus sintomas psicossomáticos.

Perceba que o importante não é apenas ler ou tomar conhecimento, mas principalmente entender o processo da ansiedade, praticar e treinar técnicas e dicas com as quais se identifica, justamente para promover a modificação de hábitos que por mais seguros que sejam em sua vida, uma vez que sempre os praticou, não são realmente satisfatórios, e justamente por isso não estão de acordo com sua natureza verdadeira.

O correto para a sua natureza é o que faz bem para você e leva a um bom resultado, independentemente do que lhe seja dito, mostrado ou imposto. O seu sentir é que precisa falar mais alto. Portanto, não se atenha às críticas que porventura vierem, como: *Oh, você está se tornando frio ou cuca-fresca demais, ou mesmo irresponsável.* Isso é crítica das massas, da mediocridade preconceituosa; não é uma crítica séria.

Lembre-se de que sua responsabilidade não significa corresponder às expectativas do mundo, uma vez que sua real responsabilidade é a habilidade de criar respostas e situações por meio das quais você se sinta e se faça pleno, integrado e feliz. Sua responsabilidade é dar exemplo por meio da ação. Quanto mais feliz e integrado, mais você se torna um sol, e o sol não se esconde atrás de uma peneira; ele aparece onde quer que vá. Se alguém observar: *Nossa, como você está bem... O que anda fazendo, hein?* Aí sim, você poderá explicar o que tem feito de diferente, poderá falar sobre suas leituras, estudos, treinamentos mentais etc.

Posso dar um conselho? Não se meta na vida de ninguém, não queira impor ao outro o que é bom para você. Espere que a pessoa o aborde e pergunte ou peça uma sugestão.

Eventualmente, é melhor ficar quieto, em silêncio, para não gastar energias desnecessárias com a tagarelice. E se alguém achar que você está quieto demais, dê um sorriso. O importante é a boa energia que está irradiando.

Trabalhe para aprender a permanecer no aqui-e-agora de cada situação. Lembre-se de que o único momento que você tem para perceber o que está acontecendo e fazer qualquer coisa é justamente o agora, o momento presente.

Viver no passado nos faz perder a alegria; o pensamento no passado diminui a energia vital, retardando e rebaixando todo o sistema imunológico. Assim, cultivar mágoas, remorso, saudade do que devia ter feito e não fez, remorso pelo que não fez ou poderia ter feito, são atitudes mesquinhas e julgadoras para com você mesmo; afinal, sempre fizemos o que de melhor podíamos a cada momento e situação. Lembrar do passado somente vale para perceber o que pôde aprender, até para tentar não repetir os mesmos erros, ou para evitar os mesmos procedimentos para não gerar os mesmos erros. Transportar as experiências do passado só gera apatia e desânimo. Reflita que hoje você não é o mesmo, as situações não são as mesmas, e lembre-se que, se alguma coisa se repete, é porque você não mudou suas posturas e atitudes mentais.

O futuro traz ansiedade, por isso, não fique no futuro. Deus, o Todo e todas as possibilidades se encontram no presente, que é onde você está e pode entrar em contato real com suas necessidades e maneiras de agir para satisfazer essas necessidades e gerar bons resultados, justamente por meio da ação pura e centrada no aqui-e-agora.

Gostarei de saber dos seus progressos, dificuldades, dúvidas ou mesmo críticas, se as tiver. Se quiser obter informações sobre os livros ou sobre o CD *Ansiedade sob controle*, estou à sua disposição, querido leitor, e você pode se comunicar comigo escrevendo para a Lúmen Editorial, ou ainda para o meu e-mail: *lourdespossatto@uol.com.br*

Grande abraço, muita energia, paz e luz!

Meta

Que eu integre a cada dia
Uma nova razão para estar aqui.
Que eu absorva a cada dia
Uma nova força integrada ao Eu Sou.
Que eu inspire a cada dia
Um sentido de paz e de luz que
Me conduza à Grande Mente.
Que eu expanda a cada dia
Todas as idéias de luz e harmonia
Dos Grandes Mestres.
Que eu projete a cada dia
Meu novo ser em plena evolução.
Para cada dia,
Para célula do meu corpo,
Para cada unidade das coisas que me rodeiam,
Para cada ser à minha volta,
Que me completa e comigo interage,
Para cada pensamento e atitude
Em nível universal,
Para cada partícula atômica
De minha unidade com o Todo,
Que é a própria consciência de Deus.

Lourdes Possatto

GRÁFICA PAYM
Tel. (11) 4392-3344
paym@terra.com.br